너는 나와 함께
말씀과 함께하는 매일 묵상

2018년 8월 10일 교회 인가
2018년 10월 4일 초판 1쇄

지은이	김우성
펴낸이	박현동
펴낸곳	성 베네딕도회 왜관수도원 ⓒ 분도출판사
찍은곳	분도인쇄소
등록	1962년 5월 7일 라15호
주소	04606 서울시 중구 장충단로 188 분도빌딩(분도출판사 편집부)
	39889 경북 칠곡군 왜관읍 관문로 61(분도인쇄소)
전화	02-2266-3605(분도출판사) · 054-970-2400(분도인쇄소)
팩스	02-2271-3605(분도출판사) · 054-971-0179(분도인쇄소)
홈페이지	www.bundobook.co.kr

ISBN 978-89-419-1814-1   03230

이 책은 분도출판사가 저작권자와의 계약에 따라 발행한 것으로서
저작권법에 의해 보호를 받는 저작물이므로 무단 전재와 무단 복제를 금합니다.

너는 나와 함께

너는 나와 함께

말씀과
함께하는
매일 묵상

김우성 지음

분도출판사

세상의 모든 사형수들에게 바칩니다.

일러두기

1. 2014년 9월 김우성 신부가 의정부교구 신원동성당에 부임한 이래 거행된 매일 미사 강론 가운데 2017년 한 해의 강론을 정리하여 엮었습니다.
2. 매주 토요일은 구역 미사 및 가정 미사로 봉헌되었기에 강론 기재를 생략했습니다.
3. 매일 미사의 복음 말씀을 읽고 강론을 묵상하면 더욱 좋습니다.

| 격려의 말씀 |

하느님 닮아 가기

신앙은 하느님의 부르심에 합당하게 응답하는 일입니다. 하느님의 초대에 합당하게 응답하려면 사랑 자체이신 하느님 안에 머물면서 그분의 사랑을 닮아 가려고 노력해야 합니다.

하느님을 닮아 가기 위해서는, 매일의 삶 속에서 성경을 읽고 묵상하고 기도드려야 합니다. 이런 시간을 통해 우리는 하느님을 더욱 사랑하게 되고, 그 사랑으로 자신을 변화시켜 이웃을 사랑하게 됩니다.

그런데 이번에 신원동성당의 김우성(비오) 신부님께서 강론 묵상집을 출간한다는 반가운 소식을 접하게 되었습니다. 신부님께서는 2014년 9월에 신원동성당에 부임하신 후부터 매일 미사 때마다 강론하였던 내용을 신원동성당 인터넷 카페에 올렸다고 합니다. 우선 그 오랜 세월 동안 거르지 않고 강론을 쓴 것도 놀랍지만, 교우들을 향한 아낌없는 사랑이 느껴집니다.

신부님의 강론은 하느님 자비와 사랑뿐 아니라, '나'의 존재에 대한 명상과 구도의 방법을 제시합니다. 그리고 나를 영적인 세계로 이끌고, 그 속에 깊이 침잠하게 하는 힘이 있습니다.

성경을 매일 읽고 묵상하는 것이 하느님을 닮아 가는 일이라고 할 때, 김우성 신부님의 글은 하느님께 귀의함으로써 영혼의 자유를 얻고자 하는 이들에게 많은 도움을 주리라고 생각합니다. 부디 많은 분들이 이 강론 묵상집을 통해 하느님께 더욱 가까이 다가가는 매일의 여정이 되시길 기원합니다.

2018년 성모승천대축일에
천주교 의정부교구장 이기헌 베드로 주교

| 추천의 글 |

너희 아버지께서 자비하신 것처럼

김우성 신부를 생각할 때 제일 먼저 떠오르는 모습은 양주2동 본당의 '천막 성당' 시절에 늘 생활한복을 입고 신자들과 동고동락하던 모습입니다. 생활한복만큼이나 편안하게 사람들을 대하며, 다른 사람들에게 자신의 생각을 밀어붙이지 않고 늘 겸손하게 다가가 먼저 들으려는 모습이 인상적이었지요. 김 신부의 이런 모습은 지금도 한결같습니다.

김우성 신부가 이번에 펴내는 묵상집을 읽으면서 그런 태도가 나오는 생각의 뿌리를 발견한 것 같아 기쁩니다. 이 묵상집의 주제어는 '자비'와 '비움'입니다. 이 두 단어 또는 이와 관련된 내용이 거의 매번 등장한다고 해도 지나친 말이 아니지요. '자비'는 김 신부가 이해한 '하느님'의 핵심 속성이며, 하느님을 믿는 신앙인의 삶에서 마땅히 반영되어야 할 요소입니다. '비움'은 김 신부에게 깊은 차원에서 '자비'의 또 다른 표현입니다. 그리고 이런 생각은 무엇보다도 성경에 깊은 뿌리를 내리고 있습니다('하느님 자비'에 관한 수많은 구절 외에도 특히 요한 3,16; 필리 2,7 참조).

'자비'가 그토록 강조되는 데에는, 2016년에 전 세계 가톨릭교회가 '자비의 특별 희년'을 지낸 것이 큰 영향을 주었을 것입니다. 하지만 그 이전부터 '하느님의 자비'는 그리스도 신앙인으로서 김우성 신부의 신관神觀의 핵심이었습니다. '자비의 특별 희년'의 주제 성구가 바로 다음 말씀이었습니다. "너희 아버지께서 자비하신 것처럼 너희도 자비로운 사람이 되어라"(루카 6,36).

　사실 저는 이 추천사를 쓰기가 쉽지 않았습니다. 김우성 신부로부터 추천사를 써 달라는 부탁을 받았을 때 저는 강론집에 대한 추천사로 알고 있었는데, 막상 글을 읽어 보니 제가 생각했던 '강론집'이 아니었기 때문입니다. 제가 아는 강론이란 주어진 성경 말씀에 대한 해설이 기본인데, 이 책에 실린 김 신부의 글은 그런 유형이 아니었습니다. 어떤 글들은 해당 성경 말씀과 전혀 관련이 없는 것처럼 보이고, 잠언처럼 간결한 글들은 종종 선문답같이 들려 이해하기가 매우 어려웠지요. 하지만 글을 곱씹어 읽다 보면 서서히 김우성 신부의 생각의 깊이와 넓이를 느끼게 되고 거기에 빠져들게 되었습니다. 그리고 그 글이, 인용된 성경 말씀을 깊이 묵상한 후에 나온 글이라는 것을 알게 되었지요. 오랜 침묵 속에 기도하며 수행한 흔적이 엿보이면서, 치열한 삶의 현장에 대한 깊은 성찰의 흔적도 엿보였습니다.

　저는 이 점을 어느 날, 신원동성당 인터넷 카페에 들어가 보고 확인할 수 있었습니다. 거기에는 김우성 신부의 강론들이 동영상으로도 올라와 있었습니다. 그것을 보면서 이 책에 있는 글이 본디 '성경 말씀'에 대한 해설과 함께 있었던 강론의 한 부분이었다는 것이 분명해졌습니다. '성경(복음) 말씀 해설' 부분도 함께 이 책에 실렸다면, 독자들이 저자의 의도를 훨씬 더 쉽게 이해할 수 있었을 것입니다. 독자들은 이 사실을 꼭 참고하시기 바랍니다.

　아무쪼록 김우성 신부의 이 글을 통해 많은 독자가 새롭게 하느님의 자비를 마음 깊이 깨닫고, 그 자비를 실천하며 진정으로 자유롭게 되기를 기원합니다.

김영남 신부
(전 가톨릭대학교 신약학 교수)

| 여는 글 |

김우성

자물통을 만든 장인匠人은
자물통의 열쇠도 함께 주더라.

나에게도
나를 여는 열쇠가 이미 나에게 있더라.

깨어
나를 여니
본디 비움이더라.

숨이 가져다준 나 있음이
자비가 내어 준 마음이
이미
하느님의 나라였더라.
아버지의 자비였더라.

아!
나를 여니
나 없더라.

나
그대로
아버지의 자비더라.

차례

격려의 말씀: 의정부교구장 이기헌 주교 ─── 7
추천의 글: 김영남 신부 ─── 9
여는 글: 김우성 신부 ─── 11

말씀과 함께하는 매일 묵상 ─── 15

전례력 색인 ─── 674

2017년(이하 생략) 1월 1일 천주의 성모 마리아 대축일

구유에 누운 아기
[루카 2,16-21]

"목자들이 베들레헴으로 서둘러 가서
마리아와 요셉과 구유에 누운 아기를 찾아냈다."(루카 2,16)

마리아는 아기 예수를 품에만 두지 않았다.
구유에 뉘었다.

아기 예수는
당신에게도 주 그리스도이시다.
주님의 어머니이면서 주님의 종임을 온 믿음으로 봉헌하신다.

구유는
생명의 나무통,
생명을 담는 그릇이다.
구유는
마음이다.
당신의 마음에 당신으로 오신 주 그리스도이시다.

'구유에 누운 아기'

당신이 내신

생명과 자비의 마음에
당신이 오셨다.
그저 오셨다.
자비로 오셨다.

"목자들은
천사가 자기들에게 말한 대로
듣고 본 모든 것에 대하여
하느님을 찬양하고 찬미하며 돌아갔다." (루카 2,20)

유일한 존재의 소명이며 성소聖召다.

1월 2일 성 대 바실리오와 나지안조의 성 그레고리오 주교 학자 기념일
나는 물로 세례를 준다
[요한 1,19-28]

지도는 지도일 뿐 땅을 보일 수 없듯이
문자도 문자일 뿐 마음의 이치를 보일 수는 없다.

지도의 지명 자체가 역사의 지식을 요약하듯이
문자도 관념의 지식을 담을 뿐이다.

실로
생명의 진리는
전통의 규범이나 관념의 지식 속에 있지 않다.
진리의 생넝은
살아 있는 불에
살아 움직이는 물에
살아 있는 꽃잎에 있다.

복음의 선포는
생명의 진리를 보임이다.
자비의 생명을 알림이다.

요한이 그들에게 대답하였다.
"나는 물로 세례를 준다.

그런데 너희 가운데에는 너희가 모르는 분이 서 계신다.
내 뒤에 오시는 분이신데,
나는 그분의 신발 끈을 풀어 드리기에도 합당하지 않다." (요한 1,26-27)

"나는 물로 세례를 준다."

진리는
물 가운데 있다.
율법의 책자나 전해 오는 지식에 있지 않다.
자비는
생명 가운데 있다.
전통적 권위의 계명 준수에 있지 않다.

"나는 물로 세례를 준다."

물은 곧 주님의 생명이며 자비다.
세례는
관념의 지식을 부여하는 것이 아니라
본연적 진리의 생명으로 돌아감이다.
자비의 생명에 머무름이다.

1월 3일 주님 공현 전 화요일
과연 나는 보았다
[요한 1,29-34]

삶은 마음의 연출이다.
허나
세례는 마음의 거둠이다.
마음 이전의 나로 데려간다.
태어나기 이전의 나, 마음 너머의 길을 걷게 한다.
세례는
'세상의 죄를 없애시는 하느님의 어린양'(요한 1,29)을
마음으로가 아닌 자비의 이름으로 모심이다.

일상의 마음은
관념의 속성인 시간성의 범주를 벗어나기 힘들지만
영靈은
자비의 영원성과 무한한 평등성의 진리로 부른다.

'성령으로 세례를 주시는 분'(요한 1,33)은
관념의 지식을 비우고
말씀의 영,
평화의 영을
믿음으로 따르게 한다.

요한은 예수님께서 자기 쪽으로 오시는 것을 보고 말하였다.
"보라, 세상의 죄를 없애시는 하느님의 어린양이시다.
저분은, '내 뒤에 한 분이 오시는데, 내가 나기 전부터 계셨기에
나보다 앞서신 분이시다' 하고 내가 전에 말한 분이시다.
나도 저분을 알지 못하였다.
내가 와서 물로 세례를 준 것은,
저분께서 이스라엘에 알려지시게 하려는 것이었다."(요한 1,29-31)

권위적 위세든
욕망의 욕심이든
가장 큰 유혹의 죄는
하느님께서 보내신 나를
세상의 이름과 모습이라는 시간의 상像에 빠지게 하고
관념의 상像으로부터 벗어나지 못함이다.

"보라, 세상의 죄를 없애시는 하느님의 어린양이시다."

하느님의 어린양은 주 그리스도이시다.
해방과 자유, 구원의 빛으로 오신 그리스도이시다.
관념의 족쇄를 벗고 생명의 진리에서 구원의 날개를 보아야 한다.

"과연 나는 보았다.
그래서 저분이 하느님의 아드님이시라고 내가 증언하였다."(요한 1,34)

1월 4일 주님 공현 전 수요일

라삐, 어디에 묵고 계십니까?
[요한 1,35-42]

물음을 던질 때
물음의 문구를 따라가지 말고
물음이 터져 나오는 본마음, 본 '나'에 주목한다면
물음은 답을 주워 담는 주머니가 아니라
마음의 본집에 들게 하는 마음의 생명임을 알게 된다.

'나'도 그와 같다.

'나'가 무엇인지에 대한 의문은
바다를 건져 올릴 그물을 짜는 짓과 같다.
하늘을 찾아 나서는 새의 날갯짓과 같다.

물음이든
시련이든
늙음이든
죽음이든
나 아닌 것이 없다.
나밖에 그 무엇도 없다.
차라리
나 아닌 것을 찾아보라.

나를 건져 올릴 그물을 짠들 그물은 나와 무관하다.
나를 주워 담을 관념을 쥐어짠들 관념과 나는 전혀 무관하다.

예수님께서 돌아서시어 그들이 따라오는 것을 보시고
"무엇을 찾느냐?" 하고 물으시자,
그들이 "라삐, 어디에 묵고 계십니까?" 하고 말하였다.(요한 1,38)

나의 목에 걸려 있는 목걸이는 나일 수 없다. 나를 알 수 없다.
몸뚱어리가 잠드는 집이 나의 본향이 될 수 없다.
진정
나는 무엇인가?

"라삐, 어디에 묵고 계십니까?"
"라삐, 어디에 묵고 계십니까?"
"라삐, 어디에 묵고 계십니까?"

1월 5일 주님 공현 전 목요일

네가 무화과나무 아래에 있는 것을 내가 보았다
[요한 1,43-51]

예수님께서는 나타나엘이 당신 쪽으로 오는 것을 보시고
그에 대하여 말씀하셨다.
"보라, 저 사람이야말로 참으로 이스라엘 사람이다.
저 사람은 거짓이 없다."
나타나엘이 예수님께
"저를 어떻게 아십니까?" 하고 물으니
예수님께서 그에게
"필립보가 너를 부르기 전에
네가 무화과나무 아래에 있는 것을 내가 보았다" 하고
대답하셨다.(요한 1,47-48)

'참으로 이스라엘 사람이다'와
'참으로 하느님의 사람이다'
이는 깊이 상통한다.

'무화과나무 아래에 있는 것'과
'하느님 말씀 아래 머무는 것'
이도 깊이 상통한다.

하느님은 어디에 머무시는가?
하느님은 어디에서 만나는가?
하느님의 사람은 무엇을 뜻하는가?
하느님의 아드님은 어디에 오시는가?

하느님의 자비,
하느님의 아드님,
하느님의 성령,
아버지의 집인 나와 함께한다.

나타나엘이 예수님께 말하였다.
"스승님,
스승님은 하느님의 아드님이십니다.
이스라엘의 임금님이십니다." (요한 1,49)

눈을 감음도
눈을 뜸도
자비의 숨이 아니던가!

어루만짐도
끌어안음도
성령의 숨이 아니던가!

부르심도
따름도
아드님의 자비가 아니던가!

하느님의 아드님은 어디에 머무시는가?

"내가 진실로 진실로 너희에게 말한다.
너희는 하늘이 열리고
하느님의 천사들이 사람의 아들 위에서 오르내리는 것을
보게 될 것이다."(요한 1,51)

무엇이 보는가?
자비의 은총이다.
자비의 나다.

1월 6일 주님 공현 전 금요일

하늘에서 소리가 들려왔다
[마르 1,7-11]

수數의 개념으로 나를 바라보아선 안 된다.
수數의 개념으로 사람을 이해해서도 안 된다.

하늘을 수로 셈할 수 없듯이
물을 수로 계산할 수 없듯이
빛을 수로 인식하지 않듯이
나도 수의 셈으로 담을 수 없다.
오히려
나는 수를 내는 자리다.

생명은 셈할 수 없다.
사람은 개체의 개인이 아니다.
하늘의 생명이며
빛의 밝음이며
땅의 숨결이다.
나는
모두로 있음이며
모두와 함께 숨 쉰다.

관념의 지식이 수를 낳는다.

욕망의 거짓이 수를 빚는다.

물에서 올라오신 예수님께서는
곧 하늘이 갈라지며 성령께서 비둘기처럼
당신께 내려오시는 것을 보셨다.
이어 하늘에서 소리가 들려왔다.
"너는 내가 사랑하는 아들, 내 마음에 드는 아들이다."(요한 1,10-11)

"하늘에서 소리가 들려왔다."

어찌
나를
'하늘에서 들려온 소리'로
믿지 못하는가!

어찌
모든 이를
'하늘에서 내신 사랑'으로
믿지 못하는가!

"너는 내가 사랑하는 아들, 내 마음에 드는 아들이다."

1월 8일 주님 공현 대축일

그분의 별을 보고
그분께 경배하러 왔습니다
[마태 2,1-12]

여자가 되기 위해서 노력한 사람도 없고
남자가 되기 위해서 노력한 사람도 없다.

꽃을 만들기 위해 노력한 나무도 없고
보고 듣고 걷기 위해 노력한 사람도 없다.

세상에 태어나기 위해 노력한 사람도 없고
노인이 되기 위해서 노력한 사람도 없다.

자연自然의 길은 그대로 무위無爲의 길이다.
사람의 삶도 본시 무위의 길이며 자연의 길이다.
사람 스스로 책임지고 짊어질 것이 많아 보이지만
전체 진리에서 보면 '나'가 나에게 아는 바도 관여한 바도 없다.
진정
'나'가 무엇인지
나 이전으로 돌아가 물음을 던져야 한다.

그런데도
왕비라는 이름을 얻기 위해 노력한 사람은 너무나 많다.

왕이라는 이름을 얻기 위해 노력한 사람은 너무나 많다.
율법과 법의 권위를 자신의 권위로 끌어들인 이들은 너무나 많다.

"동방에서 박사들이 예루살렘에 와서,
'유다인들의 임금으로 태어나신 분이 어디 계십니까?
우리는 동방에서 그분의 별을 보고 그분께 경배하러 왔습니다'
하고 말하였다."(마태 2,1-2)

동방에서
그분이 내신 별,
그분의 별을 보고
그분을 경배하러 온 박사들

'동방'에 주목하게 된다.

인위적인 관념의 시식에 물들지 잃은 진리의 마음이다.
왕관이 아닌 생명의 진리를 따르는 마음이다.

율법의 전통이 아닌 '지금 여기'의 생명과 자비의 별
관습과 가문의 권위가 아닌 밤하늘을 밝히는 빛의 별

하늘이 내신 별이다. 그분의 별이며 자비다.
동방에서만 보인다.
마음의 피안彼岸에서만 보인다.

"유다인들의 임금으로 태어나신 분이 어디 계십니까?"

그렇다.
유다인들의 임금이어야 한다.
유다인들의 빛이어야 한다.
유다인들의 생명이어야 한다.

놀랍지 않은가?
왕관을 내려놓지 못하는 헤로데 임금에게
'유다인들의 임금으로 태어나신 분이 어디 계십니까?'라고 묻는 것이.

나의 임금은 누구이신가?
나의 구원은 어디에 있는가?

왕관만을 고집하는 왕, 나의 상像만을 좇는 이들은 크게 들어야 한다.

1월 9일 주님 세례 축일
그때 그분께 하늘이 열렸다
[마태 3,13-17]

자비의 길은 단절이 없다.
시작도 없고 끝도 없음이 자비다.
시작과 끝의 개념은 사람의 지식에만 있다.

'나'라는 설정 자체가 관념이다.
'나'라는 개념 자체가 구속이다.

'나' 안에 나를 두지 않음은
'나' 안에 나 없음을 앎은
입을 빌리시 않는 웃음과 같다.
하늘을 빌리지 않는 빛과 같다.

율법은 나 안에 나의 상像을 심는다. 그래서 거짓이다.
법은 나 안에 나를 가둔다. 그래서 거짓이다.
윤리는 나 안에 나의 규범을 만든다. 그래서 거짓이다.

'나'가 빚은 나의 관념 안에 하느님은 있지 않다.
'나'가 빚은 나의 지식 안에 나는 있지 않다.

세례는 무엇인가?

자비의 사심,
생명의 사심,
말씀의 사심이다.

"우리는 이렇게 해서 마땅히 모든 의로움을 이루어야 합니다."
"그제야 요한이 예수님의 뜻을 받아들였다."(마태 3,15)
"그때 그분께 하늘이 열렸다."(마태 3,16)

하늘에서 이렇게 말하는 소리가 들려왔다.
"이는 내가 사랑하는 아들, 내 마음에 드는 아들이다."(마태 3,17)

'아들'
절대일체絕對一體의 진리다.
자비동체慈悲同體의 생명이다.

세례는
하늘의 소리에
하늘의 말씀에
나를 드리는 것이다.
세례는
하늘의 자비에
하늘의 생명에
'아멘'을 드리는 것이다.

"이는 내가 사랑하는 아들, 내 마음에 드는 아들이다."

1월 10일 연중 제1주간 화요일

더러운 영이 들린 사람
[마르 1,21ㄴ-28]

자기 안에 자신의 상像을 줍는 사람들
자기 안에 자신의 이름과 모습을 짓는 사람들
자기 안에 자신의 반쪽과 하늘의 반쪽을 교묘히 왕래하는 사람들

'더러운 영이 들린 사람'(마르 1,23)이다.

율법 학자와 수석 사제들의 위선과 교만을 함축한다.
그들 스스로는 알고 있다. 그러나 알고 있는 바를 따르려 하지 않는다.
허세의 위선을 하늘의 축복으로 알고 있다.

내적인 더러움은 '갇힘'이요 '먹힘'이다.
허망한 망상에 갇히고 허망한 이름에 먹힘이다.
'더러운 영이 들린 사람'은
작금昨今의 자비와 생명의 진리를 보려 하지 않는다.

마침 그 회당에 더러운 영이 들린 사람이 있었는데,
그가 소리를 지르며 말하였다.
"나자렛 사람 예수님, 당신께서 저희와 무슨 상관이 있습니까?
저희를 멸망시키러 오셨습니까?
저는 당신이 누구신지 압니다.

당신은 하느님의 거룩하신 분이십니다."(마르 1,23-24)

나에겐 율법의 가문이 있고 직위와 권세가 있는데 …
나에겐 나만의 삶이 있고 나만의 세상이 있는데 …
나에겐 나만의 집이 있고 나만의 자식이 있는데 …

"당신께서 저희와 무슨 상관이 있습니까?"

당신은 나자렛 사람이 아니오?
당신은 당신 스스로 하느님의 아들이라고 외치는 사람이 아니오?
당신은 회당에 모여 있는 이들의 모습과 뭐가 다르단 말이오?

"저는 당신이 누구신지 압니다."

관념의 지식에 빠진 이는
진리의 생명마저 관념의 한 켠으로 여긴다.
사람의 생명마저 관념의 한 실오라기로 본다.
특출한 관념의 지식을 하늘의 예지로 착각하며 기뻐한다.

예수님께서 그에게
"조용히 하여라. 그 사람에게서 나가라" 하고 꾸짖으시니,
더러운 영은 그 사람에게 경련을 일으켜 놓고
큰 소리를 지르며 나갔다.(마르 1,25-26)

거짓은 거짓이 폭로한다.
더러운 영은 더러운 영이 알린다.

자비의 생명은
자비의 사람은
영원토록 자비와 함께한다.
진리의 빛은 그 무엇으로도 영향받지 않는다.

"조용히 하여라. 그 사람에게서 나가라."

1월 11일 연중 제1주간 수요일

마귀를 쫓아내셨다
[마르 1,29-39]

"마귀를 쫓아내셨다"(마르 1,34)는

'아버지의 자비, 아버지의 말씀으로 돌아가게 했다'
'자비의 빛에 눈뜨게 했다'
'진리의 생명에 온 믿음으로 머물게 했다'
'자비의 말씀을 따르게 했다'
'거짓의 어둠을 벗게 했다'와
결코 다를 수 없다.

자비는 빛이다.
어둠의 유형을 분별하지 않는다.
어둠의 세월을 되돌아보지 않는다.
자비는 지금 여기의 빛이다.
무無의 본집을 빛으로 밝힌다.

"예수님께서는 갖가지 질병을 앓는 많은 사람을 고쳐 주시고
많은 마귀를 쫓아내셨다.
그러면서 마귀들이 말하는 것을 허락하지 않으셨다.
그들이 당신을 알고 있었기 때문이다."(마르 1,34)

어둠은 빛을 알 수 없다.
어둠은 빛을 볼 수 없다.
어둠은 단지 빛의 부재不在다.

관념의 지식은 허구이며 허명이다.
어둠은 빛을 품을 수 없다.
빛은 그대로 생명이다.
말씀의 생명이 나를 내었다.
본디 나는 그대로 빛이다.

빛과 어둠은 대비될 수 없다.
빛은 어둠을 알지 못한다.
빛이 어둠을 찾아간 적이 없다.

빛은 빛이다.
'빛 때문에 어둠이 없나'가 아니라
빛은 빛만이 실재實在함을 영원히 선포한다.

"마귀들이 말하는 것을 허락하지 않으셨다.
그들이 당신을 알고 있었기 때문이다."(마르 1,34)

어둠은 빛을 말할 수 없다.
그들이 안다고 하는 것은 단지 빛에 대한 관념의 이미지일 뿐
빛의 생명, 빛의 자비와는 전혀 무관하다.

"많은 마귀를 쫓아내셨다."(마르 1,34)

1월 12일 연중 제1주간 목요일

내가 하고자 하니 깨끗하게 되어라
[마르 1,40-45]

말에 믿음이 담기면
말에 자비가 담기면
말은 생명을 불러온다.

말에서 거짓을 털어 버리면
말에 나를 섞지 않으면
말은 자비를 불러온다.

말은 나의 것이 될 수 없다.
마음은 나의 것에 속할 수 없다.
하늘이 분노한다.

텅 빈 마음
텅 빈 말
그대로 하늘이다.
그대로 하늘을 안긴다.

어떤 나병 환자가 예수님께 와서 도움을 청하였다.
그가 무릎을 꿇고 이렇게 말하였다.
"스승님께서는 하고자 하시면 저를 깨끗하게 하실 수 있습니다."

예수님께서 가엾은 마음이 드셔서
손을 내밀어 그에게 대며 말씀하셨다.
"내가 하고자 하니 깨끗하게 되어라."
그러자 바로 나병이 가시고 그가 깨끗하게 되었다.(마르 1,40-42)

아기 구름이
하늘을 찾아 길을 나섰다.
세월이 흘렀다.
아기 구름의 얼굴에도 많은 주름이 잡혔다.
때가 되어 죽음의 문턱에서 숨을 고르고 있었다.
그때 구름 위로 떠오른 강렬한 햇살을 보았다.
숨이 멎는 것 같았다.
떠돈 세월이 하늘이었다.
머문 세월이 하늘의 잔치였다.

"내가 하고자 하니 깨끗하게 되어라."

1월 13일 연중 제1주간 금요일

들것을 들고 집으로 돌아가거라
[마르 2,1-12]

삶을 환영幻影에 비유함은
나라고 여기는 존재 자체는 나로부터 연유하지 않았다는 것,
나가 그토록 힘들어하는 너도 어디서 온 것인지 모른다는 것,
나의 있음 자체도 나는 알 수 없다는 것과 통한다.
삶을 환영에 비유함은
나의 의지나 지식과는 전혀 무관하게 하루의 태양이 떠오른다는 것,
나라고 여기는 존재 자체도 스스로 흘러가는 절대 생명의 힘에 저절로
동화될 수밖에 없다는 것과 통한다.

거대한 나무와
거대한 나무에 달린 잎새가
어찌 다르단 말인가!

죄는 무엇인가?

거대한 나무에 달린 잎새가
자기에게도 뿌리를 달라는 것이 아닌가!

"너희는 어찌하여 마음속으로 의아하게 생각하느냐?
중풍 병자에게 '너는 죄를 용서받았다' 하고 말하는 것과

'일어나 네 들것을 가지고 걸어가라' 하고 말하는 것 가운데에서
어느 쪽이 더 쉬우냐?
이제 사람의 아들이 땅에서 죄를 용서하는 권한을 가지고 있음을
너희가 알게 해 주겠다." (마르 2,8-10)

환영을 나의 지식으로 보면 갇힘이다.
환영을 자비의 뜻으로 보면 벗음이다.
용서와 벗음은 하나다.

죄를 떠올리기 전에
먼저
갇힘을 알아차려야 한다.
갇힘과 죄는 다르지 않다.

"내가 너에게 말한다. 일어나 들것을 들고 집으로 돌아가거라." (마르 2,11)

1월 15일 연중 제2주일

나를 보내신 그분께서
나에게 일러 주셨다
[요한 1,29-34]

남이 나를 속이는 것이 아니다.
나가 나를 속인다.
나는 나를 보지 않고 있다.

남이 나를 앗아 가는 것이 아니다.
나가 나를 외면했다.
나는 나를 보지 않고 있다.

남이 나를 칭찬하는 것이 아니다.
나가 나를 모르고 있다.
나는 나를 보지 않고 있다.

나는 잃어버릴 것이 없다.
나는 얻을 것이 없다.
나 아닌 것이 없다.

나에 대해 눈 감을 줄 알 때
나에 대해 눈 뜰 줄 알 때
모두의 모두가 나다.

모두의 모두가 나로 있다.

"나도 저분을 알지 못하였다.
그러나 물로 세례를 주라고
나를 보내신 그분께서 나에게 일러 주셨다." (요한 1,33)

태양과 빛처럼 나와 그분은 나누일 수 없다.
빛은 영원히 태양을 볼 수 없다.
자비와 나는 영원히 함께한다.

그분의 자비와 그분의 생명은 나로써 증거된다.
세례를 통한 복음이다.
그분의 자비와 그분의 생명은 자비로써 증거된다.
복음을 통한 구원이다.

"나를 보내신 그분께서 나에게 일러 주셨다."

1월 16일 연중 제2주간 월요일

신랑이 함께 있는 동안에는 단식할 수 없다
[마르 2,18-22]

굶주림에 허덕이는 사람들에게
물 한 모금도 삼킬 수 없는 사람들에게
식이요법이나 단식의 말은 어떠할까!

보이기 위한 단식이라면
꾸미기 위한 단식이라면
이루기 위한 단식이라면
차라리
바다에 뛰어들어 물고기들에게 밥을 날라 주라.

무엇이 꽃잎을 그 자리에 있게 하는가!
무엇이 올챙이의 몸짓을 있게 하는가!

자비의 숨결,
생명의 숨결에 귀 기울임이
단식이 아니던가!

나의 숨결,
너의 숨결에 귀 기울임이

사랑이 아니던가!

나의 나,
자비의 무無에 귀 기울임이
명상이 아니던가!

단식과 사랑과 명상
모두 비움이 아니던가!

예수님께서 그들에게 이르셨다.
"혼인 잔치 손님들이
신랑과 함께 있는 동안에 단식할 수야 없지 않으냐?
신랑이 함께 있는 동안에는 단식할 수 없다."(마르 2,19)

자비를 느끼는 것
자비에 머무는 것
자비로 깨어 있는 것

자비는
자비의 살과 피를 내어 준다.
자비는
자비와 하나 되는 말씀을 열어 준다.
단식의 진리다.
단식의 생명이다.

"신랑이 함께 있는 동안에는 단식할 수 없다."

나를 위한 단식은 있을 수 없다.
나를 위한 배부름도 있을 수 없다.

신랑과 함께 있는 동안에는 신랑의 뜻에 따라야 한다.
숨이 있는 동안에는 숨의 생명에 머물러야 한다.
참단식의 길이다.
참비움의 길이다.

1월 17일 성 안토니오 아빠스 기념일

사람의 아들은 또한 안식일의 주인이다
[마르 2,23-28]

'하느님의 아들'
'사람의 아들'

이보다 더한
그리스도의 말씀,
그리스도의 진리,
그리스도의 자비는 없다.

'하느님의 아들'
'사람의 아들'

이보다 더한
자비의 일체—體,
절대 진리는 없다.

'하느님의 아들'
'사람의 아들'

이보다 더한
자비의 규명과

나의 본연本然을
밝힌 말씀은 없다.

하느님의 아들이 사람의 아들이듯
하느님의 자비가 사람의 자비이듯
하느님의 말씀이 말씀의 사람을 내셨다.

'하느님의 아들'
'사람의 아들'

형언할 수 없는 자비의 극치다.
가슴이 풍선이었다면
수천만 번 터졌을 것이다.

그들에게 말씀하셨다.
"안식일이 사람을 위하여 생긴 것이지
사람이 안식일을 위하여 생긴 것은 아니다.
그러므로
사람의 아들은 또한 안식일의 주인이다." (마르 2,27-28)

사람의 아들
하느님의 아들

안식일의 사람
안식일의 하느님

1월 18일 연중 제2주간 수요일

그러나 그들은 입을 열지 않았다
[마르 3,1-6]

모든 것을 비운 사람,
비움마저 잊은 사람은
모든 형태와 모습 그리고 관념의 지식에 자유롭다.
홀로와 전체라는 개념이 없다.
나와 너라는 분별이 없다.
오직 자비밖에 없다.
그대로 자비다.

발걸음 하나하나가 자비다.
눈길 하나하나가
자비다.

자비의 이름으로
자비를 따르는 이가
그리스도의 사람이다.

예수님께서 손이 오그라든 사람에게
"일어나 가운데로 나와라" 하시고, 그들에게 말씀하셨다.
"안식일에 좋은 일을 하는 것이 합당하냐, 남을 해치는 일을 하는 것이 합당하냐?

목숨을 구하는 것이 합당하냐, 죽이는 것이 합당하냐?"
그러나 그들은 입을 열지 않았다. (마르 3,3-4)

그들에겐
손이 오그라든 사람이었지만
그분에겐
자비였다.

그들에겐
안식일이었지만
그분에겐
생명이었다.

"그러나 그들은 입을 열지 않았다."

지식의 넝쿨로
마음이 오그라진 이들

말씀의 사람을
관념의 지식으로 저울질하는 이들

그들의 입은 열릴 수 없다.
그들의 마음은 빛을 볼 수 없다.

1월 19일 연중 제2주간 목요일

말씀은 스스로 말씀의 진리를 열어 간다
[마르 3,7-12]

말은
참으로 묘하다.
내 것인 줄 알았는데 남의 아픔으로 가 있고
나를 자랑했는데 남의 조롱으로 나에게 돌아온다.

말은
참으로 묘하다.
말하는 이를 더럽히기도 하고
말하는 이를 진리의 본심으로 데려가기도 한다.

말은
참으로 묘하다.
말하는 이를 벌하기도 하고
말하는 이를 온 천하가 섬기게 한다.

빈껍데기와 같은 말
숨을 곳만 찾아가는 말
푸념만 늘어놓는 말

돌붕어가 하늘을 헤엄치네.

석불石佛이 생불生佛을 가르치네.

말에 생각이 담기지 않으면 그대로 천심天心이고
말에 관념이 담기지 않으면 그대로 도道다.

더러운 영들은 그분을 보기만 하면 그 앞에 엎드려
"당신은 하느님의 아드님이십니다!" 하고 소리 질렀다.
그러나 예수님께서는 그들에게 당신을 사람들에게 알리지 말라고
엄하게 이르곤 하셨다.(마르 3,11-12)

말씀은 사람의 입을 빌리지 않는다.
말씀은 절대 믿음에 부어진다.

말씀은 관념의 지식으로 알려지는 것이 아니다.
말씀은 스스로 말씀의 진리를 열어 간다.

"예수님께서는 그들에게
당신을 사람들에게 알리지 말라고
엄하게 이르곤 하셨다."

1월 20일 연중 제2주간 금요일

부르시니 그들이 그분께 나아왔다
[마르 3,13-19]

"예수님께서 산에 올라가시어,
당신께서 원하시는 이들을 가까이 부르시니 그들이 그분께 나아왔다.
그분께서는 열둘을 세우시고 그들을 사도라 이름하셨다.
그들을 당신과 함께 지내게 하시고,
그들을 파견하시어 복음을 선포하게 하시며,
마귀들을 쫓아내는 권한을 가지게 하시려는 것이었다." (마르 3,13-15)

예수님께서는 산에 오르시어 원하시는 이들을

'가까이 부르신다.' (13절)
'당신과 함께 지내게 하신다.' (14절)
'파견하시어 복음을 선포하게 하신다.' (14절)
'마귀들을 쫓아내는 권한을 가지게 하신다.' (14절)

자비의 이끄심과 내어 줌 그리고 품으심이다.
그리스도 진리의 모든 것, 진리 탐구의 모든 것이 담겨 있다.

산에 오르심은 무엇인가?

세상의 왕좌에 오르심도 아니요

율법의 권좌에 앉으심도 아니요
전통의 권위를 되찾음도 아니었다.

자비의 말씀에 오르심이다.
살아 있는 말씀에 오르심이다.
내면의 산을 안겨 주심이다.

당신께서 원하시는 이는 누구인가?

가까이 부름에 다가오는 이다.
내면의 영에 깨어 있는 이다.
관념의 지식에 물들지 않은 이다.

마귀들을 쫓아내는 권한을 가지게 하심은 무엇인가?

믿음에 의혹을 품지 않음이다.
주님의 이름으로 세상과 사람과 자연을 바라봄이다.
헛된 이름과 모습을 거짓으로 바라봄이다.
아버지의 자비 안에 머무름이다.

"부르시니 그들이 그분께 나아왔다."(13절)

1월 22일 연중 제3주일

회개하여라, 하늘나라가 가까이 왔다
[마태 4,12-23]

자연은 스스로 혼탁混濁의 길을 간 적이 없다.
물이 물을 더럽힌 적이 없고
꽃잎이 바람을 시샘한 적이 없다.

오른손이 왼손을 외면한 적이 없고
눈이 잠들면 온몸도 덩달아 쉰다.
자연은 스스로 갈라선 적이 없다.

하늘나라는 멀리 있는 것이 아니다.
바로
회개에 있다.

자비와의 일체一體,
자비의 몸으로 돌아감이다.

본연의 길이며 진리의 길이다.
'지금 여기'를 보인 자비의 말씀에 머무는 것이다.

실로
하느님 나라는 멀리에 있는 것이 아니다.

바로
회개에 있다.

"예수님께서는
'회개하여라, 하늘나라가 가까이 왔다'
하고 선포하기 시작하셨다."(마태 4,17)

회개는
지나온 세월을 더듬는 것이 아니다.
경험의 기억들을 지우는 것이 아니다.

하늘나라를 모심이다.
혼인 잔치의 예禮를 갖춤이다.

예禮는
알아차림이다.

생명의 길이 나임을.
진리의 샘이 나임을.
자비의 빛이 나임을.

하늘나라는 멀리 있는 것이 아니다.
바로
회개에 있다.

"회개하여라, 하늘나라가 가까이 왔다."

1월 23일 연중 제3주간 월요일

어떻게 사탄이 사탄을 쫓아낼 수 있느냐?
[마르 3,22-30]

어둠이 어둠을 몰아낼 수 없듯이
사탄은 사탄을 쫓아낼 수 없다.
진리의 빛만이 할 수 있다.

어둠은 어둠의 끝을 가늠할 수 없듯이
거짓도 거짓의 끝을 알 수 없다.
그래서 불행하다.

어둠은 빛의 부재不在다.
사탄은 말씀의 부재다.

빛은 어둠 자체를 모른다.
빛은 빛이다.
구원의 진리이며 생명의 말씀이다.

빛은 빛이다.
빛은 빛을 잃어 본 적이 없다.
어둠의 병에 들지 않는다.

"내가 진실로 너희에게 말한다.

사람들이 짓는 모든 죄와 그들이 신성을 모독하는 어떠한 말도
용서받을 것이다.
그러나 성령을 모독하는 자는 영원히 용서를 받지 못하고
영원한 죄에 매이게 된다."(마르 3,28-29)

어둠은 빛을 꿈꿀 수 없다.
어둠은 빛을 만들 수 없다.
관념의 지식으로 성령을 모독해선 안 된다.

어둠은 결코 빛을 꿈꿀 수 없다.
어둠은 빛의 진리로 돌아가야 한다.

1월 24일 성 프란치스코 살레시오 주교 학자 기념일
그분 둘레에는 군중이 앉아 있었는데
[마르 3,31-35]

생명의 숨은
나 스스로 지켜 갈 수도 없지만
행여 모든 것을 끌어들여 지켜 갈 수 있다고 여긴다면
돌이킬 수 없는 재앙이다.

숨의 유일한 뜻은
숨이 있는 동안에 숨의 진리,
숨이라는 전체 생명을 알아차림에 있다.
숨이 있는 동안에 자비의 생명에 함께해야 한다.

생명의 숨을 나 자신이라는 이름과 모습 안에 국한시킨다면
이보다 잘못된 동일시는 없다.
생명의 숨은 결코 누구의 것도 될 수 없으며, 된 적도 없다.

생명의 숨은 얻었다, 잃었다 하는 경험의 차원이 아니다.
생명의 숨이 얻음과 잃음을 경험케 한다는
본원적 진리에 머물러야 한다.
오직
숨의 일, 숨의 움직임만이 있다.

그분 둘레에는 군중이 앉아 있었는데,
사람들이 예수님께
"보십시오, 스승님의 어머님과 형제들과 누이들이
밖에서 스승님을 찾고 계십니다" 하고 말하였다.(마르 3,32)

자비의 진리,
생명의 숨,
말씀의 자비는 오직 한 진리로만 향한다.

"하느님의 뜻을 실행하는 사람이 바로 내 형제요 누이요 어머니다."
(마르 3,35)

1월 25일 성 바오로 사도의 회심 축일

곧 내 이름으로
[마르 16,15-18]

사계절 안에 모든 만물의 움직임은 하늘의 행위다.
싹이 돋아 꽃을 피우고 씨알을 맺는 모든 과정이 하늘의 행위다.
그런데
왜?
숨을 쉬고 내쉬는 행위는 하늘의 행위로 보지 못하는가!
그런데
왜?
잠이 들고 깨는 행위는 하늘의 행위로 보지 못하는가!
그 어디에
하늘의 행위 아닌 것이 있넌가!

하루라도 빨리
나라고 여기는 나만의 행위 같은 것은
관념 속에나 있음을 깊이 깨달아야 한다.

하늘에 감사드려야 한다.
하늘에 큰절을 올려야 한다.

절 올리는 모든 행위마저도
그대로 하늘의 행위임을 깨달아야 한다.

"믿는 이들에게는 이러한 표징들이 따를 것이다.
곧 내 이름으로 마귀들을 쫓아내고 새로운 언어들을 말하며,
손으로 뱀을 집어 들고 독을 마셔도 아무런 해도 입지 않으며,
또 병자들에게 손을 얹으면 병이 나을 것이다."(마르 16,17-18)

하늘의 사람
하늘의 꽃
하늘의 새
모두
하늘의 생명이며 하늘의 행위다.

"곧 내 이름으로"(18절) 이다.

손으로
뱀을 집어 들고
독을 마셔도
아무런 해도 입지 않는다.

곧 내 이름으로
곧 내 이름 안에 있다.

1월 26일 성 티모테오와 성 티토 주교 기념일

길에서 아무에게도 인사하지 마라
[루카 10,1-9]

관념의 지식인 자아自我에 대한 집착은
타인에 대한 애착 또는 증오의 감정 등과
병행한다.

결국
'나가 무엇인가?'에 대한 진지한 탐구는
'너가 무엇인가?'에 대한 섬김의 길로 이어진다.

결국
나에게서 너를 보는 것이 아니라
나를 알듯 너를 보는 것이다.

차별과 분별은 있을 수 없다.
개인으로서의 나는 관념의 지식일 뿐이다.
전체 진리에서 개인이란 있을 수 없다.

나는 너(대상)를 통해 아는 것이 아니라
나 아님이 없음을 알 때 너를 나로 본다.

나는 그대로 복음이며 자비다.

"가거라.
나는 이제 양들을 이리 떼 가운데로 보내는 것처럼 너희를 보낸다.
돈주머니도 여행 보따리도 신발도 지니지 말고,
길에서 아무에게도 인사하지 마라." (루카 10,3-4)

빛은 빛이기에 빛이다.
나는 그대로 복음이다.
복음은
분별과 차별이 없다.
이리 떼 가운데로 보내진다.
나만을 위한 챙김이 없다.
두려움과 불안이 없다.

"길에서 아무에게도 인사하지 마라."

1월 27일 연중 제3주간 금요일
어떤 사람이 땅에 씨를 뿌려 놓으면
[마르 4,26-34]

존재본연存在本然의 자리는

영의 땅이며 말씀의 땅이다.
자비의 땅이며 하늘나라의 땅이다.
도道의 땅이며 허虛의 땅이다.
관觀의 땅이며 각覺의 땅이다.

존재본연의 땅은

무한한 생명의 보고寶庫다.
영원한 진리의 보고다.
하늘의 생명이 담겨 있고
하늘의 이치가 그대로 있다.

사람아!
그대는 지금 어디에 서 있는가!
그대는 지금 어디에 존재하는가!
그대는 지금 무엇을 구하고 있는가!

예수님께서 군중에게 말씀하셨다.

"하느님의 나라는 이와 같다.
어떤 사람이 땅에 씨를 뿌려 놓으면,
밤에 자고 낮에 일어나고 하는 사이에 씨는 싹이 터서 자라는데,
그 사람은 어떻게 그리되는지 모른다."(마르 4,26-27)

내면의 씨는 무엇인가?
믿음이다.
텅 빈 마음의 영이다.

하느님의 나라는
존재본연의 땅에 믿음을 심는 것이다.

하느님의 나라는
"땅이 저절로 열매를 맺게"(28절) 한다.

1월 28일 설
혼인 잔치에서 돌아오는 주인
[루카 12,35-40]

아버지의 자비는
크시고 크시다.

혼인 잔치를 열어
신랑과 함께 춤을 추게 하시더니

혼인 잔치를 마치자
신랑과 함께 돌아와 주시니

아버지의 자비는
크시고 크시다.

태양에서 빛이 오기보다는
빛이 태양을 알려 준다.
빛이 태양을 보여 준다.

자비의 은총이다.
아버지의 자비다.
나의 '있음'이다.
있음이 자비다.

"예수님께서 제자들에게 말씀하셨다.
'너희는 허리에 띠를 매고 등불을 켜 놓고 있어라.
혼인 잔치에서 돌아오는 주인이 도착하여
문을 두드리면 곧바로 열어 주려고 기다리는 사람처럼 되어라.'"
(루카 12,35-36)

아멘은 일치다.
자비와 하나가 아멘이다.
자비와의 한 믿음이 깨어 있음이다.

'혼인 잔치에서 돌아오는 주인'
'문을 두드리면 곧바로 열어 주려고 기다리는 사람'

자비의 진리이며
아멘의 은총이고
함께함의 자비다.

1월 29일 연중 제4주일

너희가 하늘에서 받을 상이 크다
[마태 5,1-12]

나무, 꽃은 하늘로부터 어떤 상賞을 받을까!
논두렁 미꾸라지는 하늘로부터 어떤 상賞을 받을까!
엄마 품 아기는 하늘로부터 어떤 상賞을 받을까!

하늘은 미소 짓네.

꽃이 상賞이라 하네.
미꾸라지 움직임이 상賞이라 하네.
숨 쉼이 상賞이라 하네.

아!
상賞이 나네요.
하늘의 미소가 나네요.

"사람들이 나 때문에 너희를 모욕하고 박해하며
너희를 거슬러 거짓으로 온갖 사악한 말을 하면
너희는 행복하다!
기뻐하고 즐거워하여라.
너희가 하늘에서 받을 상이 크다."(마태 5,11-12)

자비의 아름다움에 취해 본다.
자비의 움직임을 바라본다.
자비의 숨 쉼을 느껴 본다.

나가 상賞이다.
나가 복福이다.

하늘이 내린 상은
하늘이 안긴 복은
그 누구도 훔쳐 갈 수 없다.

"너희는 행복하다!
기뻐하고 즐거워하여라.
너희가 하늘에서 받을 상이 크다."

1월 30일 연중 4주간 월요일

돌로 제 몸을 치곤 하였다
[마르 5,1-20]

관념의 지식과 율법의 문자처럼
매섭고 둔탁한 돌은 없다.

돌은
생명의 싹을 틔울 수 없다.
자비의 씨알을 받아들일 수 없다.

아무리 거대한 돌인들 돌이다.
겨자씨 한 알과도 통교할 수 없다.
어린 싹의 이슬 맺힘을 상상할 수 없다.

돌로 몸을 치는 것은 멈춰야 한다.
돌은 생명의 살, 하늘의 생명을 때릴 수 없다.

"예수님께서 배에서 내리시자마자
더러운 영이 들린 사람이
무덤에서 나와 그분께 마주 왔다."(마르 5,2)

"그는
밤낮으로 무덤과 산에서 소리를 지르고

돌로 제 몸을 치곤 하였다."(마르 5,5)

무덤은 돌로 치장된다.
돌이 무덤을 만든다.

'밤낮으로 무덤과 산에서 소리 지르는'(5절) 모습
'무덤에서 나와 그분께 마주 오는'(2절) 모습
결코 다르지 않다.

돌을 머리에 올려 주고 돌을 내리라 한다.
돌을 아래에 깔아 주고 돌을 치우라 한다.

위선의 극치다.
거짓의 위장이다.

돌로 이웃의 몸을
돌로 제 몸을 쳐선 안 된다.

무덤이 돌인 줄 알아야 한다.
돌이 무덤인 줄 깨달아야 한다.

1월 31일 성 요한 보스코 사제 기념일
죽은 것이 아니라 자고 있다
[마르 5,21-43]

신앙도
죽은 신앙이 있고
자고 있는 신앙이 있다.

나도
죽은 나가 있고
잠든 나가 있다.

죽음을 잠듦으로 보아서도 안 되지만
잠듦을 죽음으로 보아서도 안 된다.

잠든 나,
잠든 믿음을
깨우러 오신 분이 그리스도다.

어둠은 죽은 것이 아니다. 잠든 것이다.
빛이 오면 저절로 깨어나기에 그렇다.
빛이 오면 스스로의 밝음을 스스로 찾기에 그렇다.

"어찌하여 소란을 피우며 울고 있느냐?

저 아이는 죽은 것이 아니라 자고 있다."(마르 5,39)

"**탈리타 쿰!**
'소녀야, 내가 너에게 말한다. 일어나라!'"(마르 5,41)

"소녀에게 먹을 것을 주라."(마르 5,43)

2월 1일 연중 제4주간 수요일
그들은 그분을 못마땅하게 여겼다
[마르 6,1-6]

나 밖에 사랑이 있는 것이 아니다.
사랑이 나임을 아는 것이 사랑이다.

나 밖에 생명이 있는 것이 아니다.
생명이 나임을 아는 것이 생명이다.

나 밖에 빛이 있는 것이 아니다.
빛이 나임을 아는 것이 지혜다.

나 밖에 율법이 있는 것이 아니다.
자비의 지체가 나임을 아는 것이 진리다.

그분의 길
그분의 사랑
그분의 지혜
바로 나다.

나 밖에 그분은 계시지 않는다.
그분의 집이 나다.

많은 이가 듣고 놀라서 이렇게 말하였다.
"저 사람이 어디서 저 모든 것을 얻었을까?
저런 지혜를 어디서 받았을까?
그의 손에서 저런 기적들이 일어나다니!
저 사람은 목수로서 마리아의 아들이며,
야고보, 요세, 유다, 시몬과 형제간이 아닌가?
그의 누이들도 우리와 함께 여기에 살고 있지 않은가?"
그러면서 그들은 그분을 못마땅하게 여겼다.(마르 6,2-3)

나를 모를 땐
남도 모르며
나처럼 남도 받아들일 수 없다.

그분을 모를 땐
나도 모르며
그분처럼 남도 사랑할 수 없다.

"그들은 그분을 못마땅하게 여겼다."

2월 2일 주님 봉헌 축일

제 눈이 당신의 구원을 본 것입니다
[루카 2,22-40]

'이스라엘이 위로받을 때를 기다리는 이'(루카 2,25)
'예루살렘의 속량贖良을 기다리는 모든 이'(루카 2,38)

위로는 안에 있는가, 밖에 있는가!
속량은 율법에 있는가, 자비에 있는가!

빛은 무엇이 있게 하는가!
어둠은 무엇이 거두어 가는가!

회개와 위로는 함께한다.
구원과 속량도 함께한다.

나는 나를 찾을 수 없다.
그분의 위로가 나다.

나는 나를 구속할 수 없다.
그분의 속량이 나다.

나는 나를 소유할 수 없다.
그분의 자비가 나다.

"주님,
이제야 말씀하신 대로 당신 종을 평화로이 떠나게 해 주셨습니다.
제 눈이 당신의 구원을 본 것입니다.
이는 당신께서 모든 민족들 앞에서 마련하신 것으로,
다른 민족들에게는 계시의 빛이며,
당신 백성 이스라엘에게는 영광입니다."(루카 2,29-32)

'구원을 본 것'보다 더한 위로가 어디에 있겠는가!
'당신께서 모든 민족들 앞에서 마련하신 것'보다
더한 속량이 어디에 있겠는가!

2월 3일 연중 제4주간 금요일
그런데 좋은 기회가 왔다
[마르 6,14-29]

기회와 자비의 때는 다르다.

자비의 때는 생명의 진리에 매 순간 나를 던짐이고
기회는 탐욕의 사냥감을 호시탐탐 노린다.

하루하루가 하늘의 자비다.
하루하루가 하늘의 베풂이다.
하루하루가 나의 진면목이다.
하루와 나는 둘이 아니다.
하루의 진리가 나로 여겨질 때 지금 여기의 생명이 하루 안에 있다.

하루가 도道의 얼굴이며 도의 마음이다.
하늘의 자비, 하늘의 잔치가 하루에 담긴다.
하루 너머의 것에 마음을 묶어 둠이 죄다.
하루 너머의 하늘나라를 꿈꾸지 말라.
하늘의 생명은 하루 밖에 있지 않다.
하루가 빛의 진리이며 빛의 생명이다.

하루하루가 나다.
하루하루가 그대로 삶이다.

"그런데 좋은 기회가 왔다.
헤로데가 자기 생일에
고관들과 무관들과 갈릴래아의 유지들을 청하여
잔치를 베풀었다."(마르 6,21)

하루는 나의 기회가 아니다.
하루는 매 순간 자비의 때다.

나를 채워 줄 하루,
나의 앙금을 풀어 주는 하루가 아니다.
하루는 나의 우상이 될 수 없다.

진정 두려워하며 깨어 있어야 할 진리는 하루에 있다.

하루가
온통
나다.

2월 5일 연중 제5주일

너희의 빛
[마태 5,13-16]

눈으로 빛을 본다고 말하지만
빛이 눈을 있게 하고
빛이 빛을 알게 함을 모른다.

손으로 뭔가를 만진다고 말하지만
살아 있음이 손의 움직임을 있게 하고
살아 있음이 살아 있음을 보임을 모른다.

많은 경험을 했고 체험을 한다고 말하지만
모두가 하늘의 일이며 생명의 일임을 모른다.
나가 하늘의 도道임을 모른다.

내면의 빛에
자비의 내면에
진리의 믿음을 두어야 한다.

진정
빛이 빛의 나를 있게 함에
깊은 절을 올려야 한다.

"너희의 빛이 사람들 앞에 비추어
그들이 너희의 착한 행실을 보고
하늘에 계신 너희 아버지를 찬양하게 하여라."(마태 5,16)

빛은 그대로 내면의 실존이며 자비다.
빛은 그대로 말씀의 영이며 생명이다.

아버지의 자비,
아버지의 빛이
아버지께 기도하게 한다.
아버지를 따르게 한다.
아버지에 머무르게 한다.

빛만이
하늘을 열어 준다.
하늘을 보여 준다.

"하늘에 계신 너희 아버지를 찬양하게 하여라."

2월 6일 성 바오로 미키와 동료 순교자들 기념일
과연 그것에 손을 댄 사람
[마르 6,53-56]

밀물과 썰물이
달님의 춤 자락이듯
삶과 죽음도
무無의 춤이며
도道의 숨소리며
하루의 일이다.

잎새가 있으면 벌레가 다가온다.
잎새는 벌레를 병으로 보고
벌레는 잎새를 밥으로 본다.
병과 밥은 어떤 차이가 있는가?

병듦은 무엇인가?
나에 아我가 섞인 것이 아니던가?
병듦을 아는 그것은 무엇인가?

빛을 만난 어둠은 무엇이 달라졌는가?
달라짐인가?
되찾음인가?

어둠은 사람의 눈에나 있다.
텅 빈 곳을 보지 못함이다.

자비는 무無이면서
무의 옷깃을 보여 준다.
자비는 무이면서
무의 옷깃을 만지게 한다.
무를 자각케 한다.
나음에 이르게 한다.
구원에 들게 한다.

"과연 그것에 손을 댄 사람마다 구원을 받았다."(마르 6,56)

2월 7일 연중 제5주간 화요일
몸은 '나'라는 것을 알지 못한다
[마르 7,1-13]

몸은 빈집과 같다.
주인이 머물면 잔치가 벌어지고
주인이 떠나면 고요한 무덤이 된다.

몸은 '나'라는 것을 알지 못한다.
주인이 머물면 주인의 체온을 전해 주고
주인이 떠나면 본시 빈집으로 머문다.

몸은 오직 주인의 손에 달렸다.
주인의 숨소리로 하늘을 보고
주인의 발걸음으로 땅을 느낀다.

"예루살렘에서 온 바리사이들과 율법 학자 몇 사람이
예수님께 몰려왔다가,
그분의 제자 몇 사람이 더러운 손으로,
곧 씻지 않은 손으로 음식을 먹는 것을 보았다."(마르 7,1-2)

손이 더러운 것이 아니다.
씻지 않은 손이 더러운 것이 아니다.

손은 더러움도 추함도 모른다.
손은 주인의 일을 한다.
손은 하늘의 일을 한다.

몸은
'잔이나 단지나 놋그릇이나 침상을 씻는 일들'(마르 7,4)과는 다르다.
몸은
아버지의 집이다.

2월 8일 연중 제5주간 수요일

모두 내 말을 듣고 깨달아라
[마르 7,14-23]

깨달음에 있어 가장 중요한 근간은 '들음'에 있다.
듣는 자의 지식으로 듣지 않음이 들음이다.
들음은 말씀과 함께하는 비움을 온 존재로 알아차림이다.

말씀의 들음은
말씀의 비움을 보게 한다.
자비의 빛을 깨닫게 한다.

빛이 무지개를 보이고 비구름을 몰고 오듯
들음으로 자비의 숨결을 느끼고 자비의 행위를 일으킨다.

믿음의 종은 '깨어 있는 들음'이다.
아버지의 아들은 자비의 들음으로 거룩한 말씀을 선포한다.
사람의 아들은 울부짖는 소리를 들음의 생명, 복음의 진리로 이끈다.

예수께서 군중을 가까이 불러 그들에게 말씀하셨다.
"너희는 모두 내 말을 듣고 깨달아라."(마르 7,14)

말씀은 관념의 지식으로 들어선 안 된다.
절대 믿음의 비움으로 말씀을 응시해야 한다.

들음이다.
들음밖에 없다.
온통
말씀의 울림이다.

2월 9일 연중 제5주간 목요일
네가 그렇게 말하니
[마르 7,24-30]

생명의 샘,
말씀의 샘,
진리의 샘은
오직
믿음의 샘으로 흘러든다.
한 샘이 된다.

살아 있음이 전체 생명의 진리로 다가올 때
살아 있음이 자비 있음이다.

몸에 걸친 옷은 하늘의 몸을 숨긴다.
마음에 채색된 관념의 색은 하늘의 나를 감춘다.

창문을 열면 빛이 들어오듯
믿음에 머물면 관념의 창살이 빛의 햇살로 바뀐다.

예수님께서 그 여자에게 말씀하셨다.
"네가 그렇게 말하니, 가 보아라.
마귀가 이미 네 딸에게서 나갔다."(마르 7,29)

빛은 어둠 자체를 알지 못한다.
빛은 어둠에 대해 두려움과 구속이 있을 수 없다.

빛에 머무는 믿음은 이미 빛의 생명 안에 있다.
빛의 길을 따른다.
빛은 영원한 생명이며 진리다.

2월 10일 성녀 스콜라스티카 동정 기념일
귀먹고 말 더듬는 이
[마르 7,31-37]

몸을 지켜 감이 나를 지켜 감이던가!
무엇을 나로 보는가!

두려움을 이겨 냄이 나를 지켜 감이던가!
나를 무엇으로 보는가!

몸의 죽음이 나의 죽음이던가!
율법의 죽음이 진리의 죽음이던가!

무엇이 귀를 먹게 했는가!
무엇에 귀를 막고 사는가!
무엇을 들으려 하지 않는가!

보이지 않으면 더듬게 되고
듣지 못하면 말할 수 없다.

자비는
그대로
나다.

자비의 빛은
나 밖에 있지 않다.

마음의 가난
마음의 무無

하늘의 진리가 아니던가!
진리의 나가 아니던가!

무거운 돌을 치워야 한다.
관념의 지식을 거짓으로 보아야 한다.
귀가 열린다.
하늘의 소리가 들린다.

"사람들이 귀먹고 말 더듬는 이를 예수님께 데리고 와서
그에게 손을 얹어 주십사고 청하였다." (마르 7,32)

귀를 먹게 하고
말을 더듬게 하는 그것은 무엇인가!

내면의 나를 응시하자.
내면의 빛에 머물러 보자.

거짓은 스스로 옷을 벗는다.
두려워할 이유가 없다.

2월 12일 연중 제6주일
성을 내지 않는데 무슨 살인이 있겠는가!
[마태 5,17-37]

율법을 집행하는 이들의 마음에 자애慈愛가 없다면
율법은 권위의 권력으로 전락하고
무고無辜한 이들의 족쇄로 추락한다.

만약에
율법이 율법을 집행하는 이들의 전통 관습의 보호 수단으로 쓰인다면
율법보다 더한 구속과 거짓은 없을 것이다.

본디 율법은
회개의 마음을 갖게 하고
자애의 마음을 갖게 하여
아버지의 자비를 따름에 있다.

본디 율법은
'스스로 지키고 또 그렇게 가르치는 이'(마태 5,19)의
비움의 덕목이며 스스로를 지지하는 지팡이와 같다.

일테면
율법은 먼저
자기 형제에게 성을 내지 않음에 있다.

성을 내지 않는데 무슨 살인이 있겠는가!
자애의 베풂을 일깨움이 율법이다.

일테면
율법은 먼저
사람을 바라볼 때 자애의 마음을 지님에 있다.
'간음해서는 안 된다'는 계율보다
먼저 자애의 마음을 갖도록 함에 있다.
자애의 마음에 음욕과 탐욕의 생각은 있을 수 없다.

"내가 율법이나 예언서들을 폐지하러 온 줄로 생각하지 마라.
폐지하러 온 것이 아니라 오히려 완성하러 왔다."(마태 5,17)

자애의 마음은
하늘이 내린 하늘의 진리다.

자애의 마음을 가리는 행위,
자애의 용서를 뒤덮는 행위는
그것이 율법이라 하더라도 위선이다.

자애의 마음으로 돌아감이
율법의 완성이다.
자애의 회심을 일으킴이
율법의 완성이다.

2월 13일 연중 제6주간 월요일
하늘에서 오는 표징을 요구함
[마르 8,11-13]

몸은 나에게 어떠한 표징인가?
이름은 나에게 어떠한 표징인가?
죽음은 나에게 어떠한 표징인가?

잎새의 흔들림은
참새의 조잘거림은
등 굽은 노인의 발걸음은
나에게 어떠한 표징인가!

회개는 어떠한 표징을 안겨 주는가!
믿음은 어떠한 표징을 안겨 주는가!
용서는 어떠한 표징을 안겨 주는가!

"그때에 바리사이들이 와서 예수님과 논쟁하기 시작하였다. 그분을 시험하려고 하늘에서 오는 표징을 요구하였던 것이다."(마르 8,11)

전통의 권위를 인정받기 위해 하늘에서 오는 표징을 요구함은
관념의 지식에 머리를 숙이는 우상숭배와 다르지 않다.
지금 여기 살아 있음의 숨 쉼이 하늘의 표징이 아니던가!
아버지의 자비 안에 머무는 아멘의 믿음이 자비의 표징이 아니던가!

예수님께서는 마음속으로 깊이 탄식하며 말씀하셨다.
"어찌하여 이 세대가 표징을 요구하는가?
내가 진실로 너희에게 말한다.
이 세대는 어떠한 표징도 받지 못할 것이다."(마르 8,12)

빛은 보려 하지 않으면서
무지개만 보여 달라고 한다.

회개의 마음,
자애의 마음이 말씀의 살아 있는 표징이다.

2월 14일 성 치릴로 수도자와 성 메토디오 주교 기념일

바리사이들의 누룩과 헤로데의 누룩

[마르 8,14-21]

누룩은 빵이 아니면서 빵을 부풀게 한다.
누룩은 빵이 아니면서 빵 속에 모습을 숨긴다.

율법의 권위로 자비인 양 행세하면 빵에 기생하는 누룩과 같다.
율법의 전통으로 말씀의 진리를 부풀림도 빵에 기생하는 누룩과 같다.

그때에 제자들이 빵을 가져오는 것을 잊어버려,
그들이 가진 빵이 배 안에는 한 개밖에 없었다.
예수님께서 그들에게,
"너희는 주의하여라.
바리사이들의 누룩과 헤로데의 누룩을 조심하여라"
하고 분부하셨다.(마르 8,14-15)

잎새와 빛은 영원히 함께한다.
씨알과 빛도 영원히 함께한다.
생명과 빛은 둘이 아니다.

자비의 생명이 이 몸이다.
자비의 생명이 이 빵이다.
생명과 빵은 둘이 아니다.

자비의 진리는 오직 하나다.
빵으로 현존함이다.
빵으로 존재함이다.
빵으로 먹힘이다.
생명의 빵이 자비다.

제자들은 자기들에게 빵이 없다고 서로 수군거렸다.
예수님께서는 그것을 아시고 그들에게 말씀하셨다.
"너희는 어찌하여 빵이 없다고 수군거리느냐?
아직도 이해하지 못하고 깨닫지 못하느냐?
너희 마음이 그렇게도 완고하냐?
너희는 눈이 있어도 보지 못하고 귀가 있어도 듣지 못하느냐?
너희는 기억하지 못하느냐?
내가 빵 다섯 개를 오천 명에게 떼어 주었을 때,
빵 조각을 몇 광주리나 가득 거두었느냐?"(마르 8,16-19)

빵을 어디에서 찾는가?
진리를 어디에서 찾는가?

무엇이 자비인가?
무엇이 생명인가?

잎새와 빛을 언제까지 둘로 볼 것인가!
비움과 진리를 언제까지 둘로 볼 것인가!
자비와 구원을 언제까지 둘로 볼 것인가!

2월 15일 연중 제6주간 수요일

걸어 다니는 나무
[마르 8,22-26]

그분께서는 그 눈먼 이의 손을 잡아 마을 밖으로 데리고 나가셔서
그의 두 눈에 침을 바르시고 그에게 손을 얹으신 다음
"무엇이 보이느냐?" 하고 물으셨다. 그는 앞을 쳐다보며
"사람들이 보입니다. 그런데 걸어 다니는 나무처럼 보입니다"
하고 대답하였다. (마르 8,24)

사람들은 보이는데
걸어 다니는 나무처럼 보인다 함은 무엇을 뜻하는 건가!

그분께서 다시 그의 두 눈에 손을 얹으시니
그가 똑똑히 보게 되었다.
그는 시력이 회복되어 모든 것을 뚜렷이 보게 된 것이다. (마르 8,25)

모든 것을 뚜렷이 보게 된 시력의 회복은 무엇을 뜻하는 건가!

창조는 사람의 노력으로 이루어진 것이 아니다.
숨 쉼도 사람의 노력으로 이루어진 것이 아니다.
몸도 마음도 사람의 노력으로 이루어진 것이 아니다.
그런데
왜?

율법의 틀 안에, 관념의 지식 안에 하늘의 생명을 가두려 하는가!
하늘에 짓는 가장 큰 죄가 아니던가!

요즘 세상의 작태는 어떻게 흘러가고 있는가?
무엇이 사람으로 하여금 자살하게 하며 병들게 하며 외롭게 하는가?
걸어 다니는 나무가 되지 않았는가!

진정 모든 것을 뚜렷이 보아야 한다.
나가 무엇인지!
이웃이 누구인지!
진정 깨어나야 한다.

자비의 진리로
말씀의 생명으로 돌아가야 한다.
나의 참본향이다.
아버지의 나라다.

예수님께서는 그를 집으로 보내시면서 말씀하셨다.
"저 마을로는 들어가지 마라."(마르 8,26)

2월 16일 연중 제6주간 목요일

사탄아, 내게서 물러가라
[마르 8,27-33]

말은 어디에서 흘러나오는가?
흘러나온 말은 어디에 가라앉는가?

나에게서 나온 말인데 나는 붙들고 분노한다.
나에게서 나온 말인데 나는 걱정하고 근심한다.

남에게서 흘러온 말인데 나는 붙들고 껴안는다.
남에게서 흘러온 말인데 나는 두려워하고 불안해한다.

말에게 이미지를 그려 수고
말에게 목숨을 걸게 하는 그 말은 어디서 온 것인가!

하늘이 내린 말과 사람이 빚은 말은 무엇이 다른가!
믿음의 말과 관념의 말은 무엇이 다른가!

말에 속아선 안 된다.
말과 나를 동일시해서도 안 된다.
소리가 악기는 아니다.

예수님께서는 돌아서서 제자들을 보신 다음 베드로에게,

"사탄아, 내게서 물러가라.
너는 하느님의 일은 생각하지 않고 사람의 일만 생각하는구나"
하며 꾸짖으셨다.(마르 8,33)

말을 물리칠 줄 알아야 한다.
말을 거둘 줄 알아야 한다.
말을 말로 바라봐야 한다.

"사탄아, 내게서 물러가라."

말을 잊어버린 사탄은 없다.
말을 비운 사탄도 없다.

2월 17일 연중 제6주간 금요일

목숨
[마르 8,34—9,1]

아침에 눈을 뜨면
눈 안에 세상이 들어온다.

숨으로 보고
봄이 숨이다.
숨과 봄
신묘神妙하게 함께한다.

봄은 거리감이 아니다.
봄은 일체一體를 뜻한다.
숨은 나와 너의 분리가 아니다.
숨은 한 생명의 몸체를 뜻한다.

봄은 그대로 진리의 세상이다.
그런데 왜?
나만의 세상을 보고자 하는가!

숨은 그대로 하늘의 생명이다.
그런데 왜?
나만의 공간을 꿈꾸는가!

숨은 아버지의 영이다.
봄은 아버지의 몸이다.

숨,
세상,
하늘나라는 분리됨이 없다.

모두가
자비의 몸이며
자비의 지체다.

"정녕 자기 목숨을 구하려는 사람은 목숨을 잃을 것이고
나와 복음 때문에 목숨을 잃는 사람은 목숨을 구할 것이다."(마르 8,35)

하늘 구름 중에 나의 구름을 찾아본들
먹구름 아래 소낙비를 맞을 것이다.

나만의 목숨이라는 것은 없다.

숨은
오직
아버지의 자비와 진리에 속한다.
영원한 하늘 생명에 속한다.

2월 19일 연중 제7주일
악인에게 맞서지 마라
[마태 5,38-48]

"악인에게 맞서지 마라.
오히려 누가 네 오른뺨을 치거든 다른 뺨마저 돌려 대어라."(마태 5,39)

세상과 이웃을 바라볼 때 자신의 관념으로 바라봄이 아닌
자비의 진리로 바라본다는 것은
하느님께서 함께하신다는 절대 믿음이 없이는 불가능하다.

주님의 종으로 존재함을 깨닫지 않고서는
말씀의 도구로 현존함을 깨닫지 않고서는
도저히 불가능한 일이다.

수행의 관점에서 볼 때는
몸과 마음에 대한 비동일시와
'나는 너와 다르다'는 차별과 분별의 마음을 벗어던지지 않고서는
있을 수 없는 일이다.

화해와 용서의 길,
평화와 일치의 길은 그냥 주어지는 것이 아니다.
모두를 나로 아는 일체의 자비심과
모두를 자비로 아는 일체의 비움에서

하늘이 스스로 하늘의 일을 함을 믿음으로 바라봄이다.
하늘이 저절로 하늘의 뜻을 펼친다.

창조와 생명의 이치는 하늘의 자비로부터 비롯되었다.
나 자신의 노력에서 비롯된 것은 하나도 없다.

모두를 아버지의 자비로 바라볼 때
모두가 아버지의 뜻 안에서 이루어짐을 믿을 때
내면의 두려움과 불안, 분노와 좌절은 자리 잡을 수 없다.

모두가
아버지의 자비다.
아버지의 몸이다.
아버지의 일이다.

오른뺨을 나의 오른뺨으로 보지 않고
다른 뺨도 나의 것으로 여기지 않는 절대 비움은
하늘의 자비에 일치함이며
하늘의 진리에 함께한다.

자비의 오심은 비움으로 응답되며
비움은 하늘의 일을 이룬다.

2월 20일 연중 제7주간 월요일
그 아이에게서 나가라
[마르 9,14-29]

예수님께서는 군중이 떼를 지어 달려드는 것을 보시고,
더러운 영을 꾸짖으며 말씀하셨다.
"벙어리 귀머거리 영아, 내가 너에게 명령한다.
그 아이에게서 나가라. 그리고 다시는 그에게 들어가지 마라." (마르 9,25)

'아이'라는 본연의 특성은
자기 스스로 자기 자신을 모른다는 것이며
자기 스스로 자기 자신에 대한 상像을 지니고 있지 않음이며
자기 스스로 자기 자신에 대한 관념의 지식이 없다는 것이다.

많은 경우
자기 자신을 안다고 말들 하지만
안다고 하는 것은 자신에 대한 경험의 기억이나 관념의 지식이지
본연의 나를 아는 것이 아니다.

조용히 앉아 명상해 보자.

나는 무엇을 명상하고 있던가?
나의 상像인가?
아니면

나인가?

나는 나를 명상할 수 없다.
비움이 어찌 비움을 명상할 수 있겠는가!
나가 본다 하면 그것은 나의 상像이지 나가 아니다.

"벙어리 귀머거리 영아, 내가 너에게 명령한다.
그 아이에게서 나가라. 그리고 다시는 그에게 들어가지 마라."(25절)

상像을 움켜쥐는 순간
상像을 나로 아는 순간
나는 나를 잃어버리게 된다.
벙어리 귀머거리가 된다.

2월 21일 연중 제7주간 화요일

알려지는 것을 원하지 않으셨다
[마르 9,30-37]

나가 알려진다 함은 무엇이 알려짐인가?
남이 나의 이름과 모습을 기억한다 하여 나는 무엇이 달라지던가?

빛이 잎새에 닿음은
물이 물고기의 몸짓을 감싸 안음은
숨이 존재의 있음을 알게 함은
전체로 함께하는 하나다.
함께하는 그것이 함께함을 알게 한다.
하늘 진리와 생명은 그대로 만물의 모습이다.

잎새의 있음으로
하늘의 새와 하늘의 벌레들이 날갯짓을 한다.
한 존재의 있음이 우주의 있음을 깨닫게 한다.
자연의 모든 있음은 그대로 자비의 한 몸이다.

그분께서
"사람의 아들은 사람들의 손에 넘겨져 그들 손에 죽을 것이다.
그러나 그는 죽임을 당하였다가 사흘 만에 다시 살아날 것이다"
하시면서 제자들을 가르치고 계셨기 때문이다.(마르 9,31)

자비는 영원한 자비로 흐른다.
자비의 창조는 영원히 자비의 창조로 일으킨다.

이름과 명성의 알려짐은 자비의 진리와 전혀 무관하다.
진리의 마음과 자비의 마음 그리고 가난한 마음은 함께한다.
가난한 마음이 하늘의 진리를 있게 한다.
자비는 자비의 구원을 위해 자비를 내어놓는다.

"사람의 아들은 사람들의 손에 넘겨져 그들 손에 죽을 것이다."

자비는 자비에 심어지고
자비는 자비로 넘어지고
자비는 자비를 내어 주고
자비는 자비를 일으킨다.

2월 22일 성 베드로 사도좌 축일

내 아버지께서 그것을 너에게
[마태 16,13-19]

예수님께서 "그러면 너희는 나를 누구라고 하느냐?" 하고 물으시자,
시몬 베드로가 "스승님은 살아 계신 하느님의 아드님 그리스도이십니다"
하고 대답하였다.
그러자 예수님께서 그에게 이르셨다.
"시몬 바르요나야, 너는 행복하다!
살과 피가 아니라 하늘에 계신 내 아버지께서 그것을 너에게
알려 주셨기 때문이다."(마태 16,15-17)

나가 말할 수 있는 말이 있다.
나가 들을 수밖에 없는 말이 있다.
나는 말할 수 없는 말이다.

말할 수 없는 말은
아버지와 만물이
아버지와 나가
하나이며 전체임을 알 때다.
혼연일체渾然一體의 진리에 머물 때다.

말할 수 없는 말과
말할 수 없는 마음을

나로 알고
나로 바라봄이 도道다.

믿음은
말할 수 없는 말을
말씀으로 받아들임이다.

깨달음은
말할 수 없는 말을
알 수 없는 자비로 앎이다.

"시몬 바르요나야,
너는 행복하다!
살과 피가 아니라
하늘에 계신 내 아버지께서
그것을 너에게 알려 주셨기 때문이다."(17절)

눈을 감는다 하지만
눈을 뜬다 하지만
하늘 숨의 잔치임을 모른다면
눈을 감았지만 감음이 아니고
눈을 떴지만 뜸이 아니다.

"하늘에 계신 내 아버지께서
그것을 너에게 알려 주셨기 때문이다."

2월 23일 성 폴리카르포 주교 순교자 기념일

그리스도의 사람이기 때문에
[마르 9,41-50]

네 손이 너를
네 발이 너를
네 눈이 너를
죄짓게 하지 말라.
그리스도의 사람이기 때문에.(마르 9,41-47 참조)

사람은
율법의 사람이 아니다.
살과 피의 사람이 아니다.
갇히고 묶이는 사람이 아니다.
때리고 죽이는 사람이 아니다.

사람은
그리스도의 사람이다.
그리스도의 사랑이다.
그리스도의 지체다.

사람은
그리스도께 속한다.
그리스도께서 사신다.

그리스도께서 당신의 살과 피로 먹이신다.

"내가 진실로 너희에게 말한다.
너희가 그리스도의 사람이기 때문에
너희에게 마실 물 한 잔이라도 주는 이는,
자기가 받을 상을 결코 잃지 않을 것이다."(마르 9,41)

그리스도의 사람은 그리스도의 자비다.
그리스도의 사람은 그리스도의 숨이다.
그리스도의 사람은 그리스도의 하늘이며 땅이다.

"소금은 좋은 것이다.
그러나 소금이 짠맛을 잃으면 무엇으로 그 맛을 내겠느냐?
너희는 마음에 소금을 간직하고 서로 평화롭게 지내라."(마르 9,50)

그리스도의 사람은 그리스도의 소금이다.
그리스도의 사람은 그리스도의 복음이다.
그리스도의 사람은 그리스도의 몸이다.

"너희는 마음에 소금을 간직하고 서로 평화롭게 지내라."

2월 24일 연중 제7주간 금요일

남편이 아내를 버려도 됩니까?
[마르 10,1-12]

바리사이들이 와서 예수님을 시험하려고
"남편이 아내를 버려도 됩니까?" 하고 물었다. (마르 10,2)

빛에 대해서
물에 대해서
씨알에 대해서
사람이 할 수 있는 일은 없다.

사람아!
그럼에도 언제까지
사람이 사람에 대해서 할 일이 많다고 고집할 것인가!

사람아!
그럼에도 언제까지
율법의 그물로 사람이 사람 위에 설 수 있다고 고집할 것인가!

사람아!
사람은 사람에 대해서
어떠한 권위도 어떠한 권한도 가질 수 없다.
그럼에도 언제까지

사람이 사람을 버릴 수 있다고 주장할 것인가!

나가 있어서 나라 하는 것이 아니다.
나는 나를 알 수 없어서 나라 하는 것이다.
나는 나를 만든 적이 없어서 자비라 하는 것이다.

"하느님께서 맺어 주신 것을 사람이 갈라놓아서는 안 된다."(마르 10,9)

2월 26일 연중 제8주일

그날 고생은 그날로
[마태 6,24-34]

"내일을 걱정하지 마라.
내일 걱정은 내일이 할 것이다.
그날 고생은 그날로 충분하다." (마태 6,34)

내일을 명상하는 구도자는 없다.
허구의 관념만이 아상我相의 내일을 망상妄想한다.

하늘은 그대로 하루이며, 하루는 그대로 하늘이다.
하루 있음이 곧 하늘 있음이다.
나 있음이 하루 있음이며 하늘 있음이다.
하루가 없는 나, 하늘이 없는 하루는 결코 상상할 수 없다.

하루를 자각함이 명상이다.
하루에 깨어 있음이 기도다.

하늘의 지복至福은
하루에 내린다.
하루에 모인다.

말씀

자비
생명
모두 모두
하루이며 하늘이다.

"너희는 먼저 하느님의 나라와 그분의 의로움을 찾아라.
그러면 이 모든 것도 곁들여 받게 될 것이다." (마태 6,34)

'하느님의 나라와 그분의 의로움'은
하루를 벗어나 있지 않다.
하루를 내신
하늘을 보이신
아버지의 자비 안에 있다.

오늘의 하루가 하느님의 나라다.
오늘의 자비가 하느님의 의로움이다.
하루는 영원히 하늘과 함께한다.

"너희는 먼저 하느님의 나라와 그분의 의로움을 찾아라."

2월 27일 연중 제8주간 월요일
하느님께는 모든 것이 가능하다
[마르 10,17-27]

"너에게 부족한 것이 하나 있다.
가서 가진 것을 팔아 가난한 이들에게 주어라.
그러면 네가 하늘에서 보물을 차지하게 될 것이다." (마르 10,21)

만물의 생명은 어디에서 온 것인가!
숨과 살아 있음 그리고 우주의 생명체는 둘인가, 하나인가!

언제까지
나와 세상을 둘로 볼 것인가!
언제까지
나와 이웃을 둘로 볼 것인가!
언제까지
나와 자비를 둘로 볼 것인가!

꽃잎을 본다는 것은
꽃잎의 생명과 바라봄의 생명은 다르지 않다는 것이다.
꽃잎을 만진다는 것은
꽃잎의 자비와 나 있음의 자비는 다르지 않다는 것이다.

아버지의 자비는 아버지께 돌려야 한다.

아버지의 생명은 아버지의 일을 하고 있다.

가진 것을 판다 함은
나 없음을 자각함이다.

가난한 이들에게 주어야 함은
아버지의 사람임을 깨달음이다.

"하느님께는 모든 것이 가능하다."(마르 10,27)

아버지의 이름 안에서
아버지의 자비로 살아 있음을 깨달을 때
하느님께서는 모든 것이 가능하도록 자비를 내리신다.

2월 28일 연중 제8주간 화요일

버린 사람
[마르 10,28-31]

"누구든지 나 때문에
또 복음 때문에
집이나 형제나 자매, 어머니나 아버지, 자녀나 토지를
버린 사람은 …."(마르 10,29)

버림은
아버지의 자비로 되돌림이다.
모두가 아버지의 자비임을 깨달음이다.

버림은
만사가 자비에 속함을 깨우침이다.
만사를 자비의 뜻으로 바라봄이다.

버림은
이름과 모습이라는 관념의 나에서
복음과 자비라는 실재實在의 나로 돌아감이다.

버림은
자비에 속함을 깨달음이다.
미련과 집착의 지식을 거짓으로 바라봄이다.

버림은
한 진리의 통합에 눈뜸이다.
한 자비의 생명에 안김이다.

버림은
비움의 진리에서 자비의 생명을 봄이다.

3월 1일 재의 수요일

스스로 나팔을 불지 마라
[마태 6,1-6.16-18]

'있음'의 꽃잎
'있음'의 올챙이
'있음'의 나
그대로
복음이다.
그대로
자비다.

나는 나를 가질 수 없다.
나는 나를 뽐낼 수 없나.
지식의 나는 나가 아니다.

'있음'의 나는 있음을 벗어날 수 없다.
'있음'의 만물도 있음을 벗어날 수 없다.

'자비'의 나는 자비를 벗어날 수 없다.
'자비'의 만물도 자비를 벗어날 수 없다.

"스스로 나팔을 불지 마라." (마태 6,2)

고요히 있음에 있어라.
고요히 자비에 있어라.

자비 홀로
자비를 보살핀다.
자비 아님이 없다.
자비밖에 없다.

3월 2일 재의 예식 다음 목요일

제 십자가를 지고 나를 따라야 한다
[루카 9,22-25]

글을 볼 때
물건을 바라볼 때
시선의 거리감이 느껴지지만
마음을 볼 때
말씀을 바라볼 땐
한 진리의 생명만이 있다.

말씀은 그대로 자비의 생명이다.
말씀은 그대로 본원本源의 진리다.

꽃잎과 빛을 둘로 볼 수 없듯이
초와 촛불을 나눌 수 없듯이
말씀과 십자가
말씀과 나는
영원히 함께한다.

말씀은
영원한 진리의 살과 피다.
나를 있게 하고
나를 숨 쉬게 하며

십자가를 지게 한다.

말씀은
눈으로 보거나
마음으로 기다림이 아니다.

말씀과 함께하지 않는 십자가는 십자가가 아니듯
말씀의 따름과 십자가의 짊어짐은 영원히 함께한다.

말씀은
십자가를 지게 하고
십자가에 못 박히게 한다.

십자가는
말씀을 지게 하고
말씀에 못 박히게 한다.

말씀은
영원한 생명의 십자가다.
십자가는
영원한 자비의 말씀이다.

말씀은 십자가로 선포되고
십자가는 말씀으로 완성된다.

"누구든지 내 뒤를 따라오려면

자신을 버리고 날마다 제 십자가를 지고
나를 따라야 한다."(루카 9,23)

3월 3일 재의 예식 다음 금요일

단식
[마태 9,14-15]

"그들이 신랑을 빼앗길 날이 올 것이다.
그러면 그들도 단식할 것이다."(마태 9,15)

등불.
빛이 있는 동안엔
밝힘의 때를 기다리고
어두운 때 어둠을 거둔다.

단식.
말씀이 있는 동안엔
아멘의 때를 기다리고
부르실 때 모두를 드린다.

"혼인 잔치 손님들이
신랑과 함께 있는 동안에
슬퍼할 수야 없지 않으냐?"(마태 9,15)

손을 놓았을 땐
손을 찾지만
손으로 사랑이 옮겨 올 땐

손을 잊는다.
사랑에 머문다.
나를 잊는다.

"신랑과 함께 있는 동안에 슬퍼할 수야 없지 않으냐?"

3월 5일 사순 제1주일

유혹자가 그분께 다가와
[마태 4,1-11]

유혹자와 악마가 예수님께 다가오고 예수님을 데리고 간다.
무엇이 느껴지는가!

'유혹자가 그분께 다가와'(마태 4,3)
'악마는 예수님을 데리고'(마태 4,5)
'악마는 다시 그분을 매우 높은 산으로 데리고 가서'(마태 4,8)
'악마는 그분을 떠나가고'(마태 4,11)

유혹자와 악마는 교묘한 가정假定을 통해 다가온다.
무엇이 느껴지는가!

'당신이 하느님의 아들이라면 이 돌들에게 빵이 되라고 해 보시오.'(마태 4,3)
'당신이 하느님의 아들이라면 밑으로 몸을 던져 보시오.'(마태 4,6)
'당신이 땅에 엎드려 나에게 경배하면 저 모든 것을 주겠소.'(마태 4,9)

"그때에 예수님께서 그에게 말씀하셨다.
'사탄아, 물러가라. 성경에 기록되어 있다.
주 너의 하느님께 경배하고 그분만을 섬겨라.'
그러자 악마는 그분을 떠나가고,
천사들이 다가와 그분의 시중을 들었다."(마태 4,10-11)

어둠이 빛에 다가오고
어둠이 빛을 데리고 간다.
과연 있을 수 있는 일인가!

거짓의 환영과 탐욕이 생명의 진리에 다가오고
거짓의 아상我相과 꿈꿈이 자비의 진리를 데리고 간다.
과연 있을 수 있는 일인가!

있을 수 없는 일을 있을 수 있다고 여기게 하는 것이
유혹자다.

진리의 생명은 오직 하늘에 속하는데
나 자신에 담길 수 있다고 속이는 것이
악마다.

아버지 자비밖에 없다.
모두 모두가
아버지 자비다.

"사탄아, 물러가라. 성경에 기록되어 있다.
주 너의 하느님께 경배하고 그분만을 섬겨라." (마태 4,10)

3월 6일 사순 제1주간 월요일

영원한 벌, 영원한 생명
[마태 25,31-46]

사람은 사람에게 벌을 내려선 안 된다.
어떤 경우에도 생명의 빛으로 기다려야 한다.

사람은 사람에게 죽음을 선고해선 안 된다.
어떤 경우에도 회개의 때를 기다려야 한다.

영원한 벌과 영원한 생명은 하늘에 속한다.
자비의 생명은 하늘로부터 내려온 것이다.

신하가 임금의 물건을 손대면 벌을 받듯
사람이 하늘의 생명을 업신여기면 하늘의 벌을 받게 된다.

사람이 두려워할 것은 딱 하나다.
하늘의 생명, 자비의 생명은 어떤 경우에도 업신여기지 않음이다.

영원한 벌은 하늘이 내리는 벌이다.
영원한 생명은 하늘이 내리는 자비다.

사람은 사람을 공경해야 한다.
사람은 하늘의 생명이며 하늘의 사랑이며 하늘의 사람이다.

"내가 진실로 너희에게 말한다.
너희가 이 가장 작은 이들 가운데 한 사람에게 해 주지 않은 것이
바로 나에게 해 주지 않은 것이다."(마태 25,45)

아버지의 자비가 있기에 사람이 있다.
아버지의 생명이 있기에 사람이다.

3월 7일 사순 제1주간 화요일

기도
[마태 6,7-15]

꽃은 빛님에게 무엇을 속삭일까!
물고기는 물에게 무엇을 바랄까!
새는 하늘에게 무엇을 기도할까!

무위無爲인 자연自然은 기도하지 않는다.
나와 너라는
전체와 개체라는
상대개념이 없다.

안타깝게도
인위적 지식에 빠진
사람만이 기도한다.
관념의 지식을 에고적 성취의 봉우리로 끌고 간다.
술 취한 몸으로 하늘의 날개를 상상한다.

기도는
아버지의 뜻으로 있음이다.
아멘의 믿음으로 있음이다.
비움으로 있음이다.

"너희는 기도할 때에 다른 민족 사람들처럼 빈말을 되풀이하지 마라.
그들은 말을 많이 해야 들어 주시는 줄로 생각한다.
그러니 그들을 닮지 마라.
너희 아버지께서는 너희가 청하기도 전에
무엇이 필요한지 알고 계신다." (마태 6,7-8)

자비는
말씀의 진리를 말씀의 생명으로 영원히 함께하신다.
"청하기도 전에 무엇이 필요한지 알고 계신다."

3월 8일 사순 제1주간 수요일

여기에 있다
[루카 11,29-32]

위로받기 위해
칭찬받기 위해
인정받기 위해
숨을 쉬고 있는 것이 아니다.

이기기 위해
갖기 위해
부리기 위해
눈을 뜨고 있는 것이 아니다.

꽃잎을 바라봄보다 더한 하늘의 표징은 없다.
나무 그늘에 등 대고 눈을 감는 것보다 더한 진리는 없다.

솔로몬과 요나에 마음을 두지 말라.
'여기 있음'에 마음을 두라.

"솔로몬보다 더 큰 이가 여기에 있다." (루카 11,31)
"요나보다 더 큰 이가 여기에 있다." (루카 11,32)

말씀은 여기에 있다.

진리는 여기에 있다.
자비는 여기에 있다.

여기에 있음이 생명의 있음이다.
여기에 있음이 말씀의 있음이다.
여기에 있음이 자비의 있음이다.

여기밖에 어디에도 구원은 없다.
여기밖에 어디에도 진리는 없다.
여기밖에 어디에도 하늘은 없다.

"솔로몬보다 더 큰 이가 여기에 있다."
"요나보다 더 큰 이가 여기에 있다."

3월 9일 사순 제1주간 목요일
너희에게 열릴 것이다
[마태 7,7-12]

빛은 꽃잎을 열어 주고
꽃잎은 빛의 생명을 보여 준다.

빛과 꽃잎은
영원히 갈라설 수 없고
영원히 함께한다.

자비와 나도 그러하다.

나
그대로
자비 있음이며

자비 있음은
그대로
여기 나다.

아버지께서 만드시고 아버지의 땅에 심으신 씨알이다.
아버지께서 싹틔우시고 아버지의 하늘로 열어 주신 씨알이다.

예수님께서 제자들에게 말씀하셨다.
"청하여라, 너희에게 주실 것이다.
찾아라, 너희가 얻을 것이다.
문을 두드려라, 너희에게 열릴 것이다."(마태 7,7)

청함도 찾음도 두드림도
모두가
자비의 몸짓이다.
자비의 부르심이다.

당신의 거울에 당신을 보여 주듯
당신의 사랑에 당신을 내어 준다.

3월 10일 사순 제1주간 금요일

바보, 멍청이!
[마태 5,20ㄴ-26]

자기 것도 못 챙긴다고
남의 비위도 못 맞춘다고
바보 멍청이라 하네.

가진 것도 없다고
내세울 것도 없다고
바보 멍청이라 하네.

알아듣지 못한다고
눈치가 없다고
바보 멍청이라 하네.

세상에 대해 알아듣지 못할 뿐인데
세상에 대해 욕심이 없는 건데
바보 멍청이라 하네.

오 리里를 가자 하면 십 리里를 가 주었고
왼뺨을 때리면 오른뺨마저 대 주었는데
바보 멍청이라 하네.

모른 체하지 않고 굶주린 이에게 밥을 주었는데
훤히 알면서도 묵묵히 기다려 주었는데
바보 멍청이라 하네.

누가 바보인고!
누가 멍청이인고!

"자기 형제에게 '바보!'라고 하는 자는 최고 의회에 넘겨지고
'멍청이!'라고 하는 자는 불붙는 지옥에 넘겨질 것이다." (마태 5,22)

바보라고 부르는 이가
바보요 멍청이다.

바보라는 소리에도 기뻐하는 이가
하늘이 내린 바보요 멍청이다.

3월 12일 사순 제2주일

높은 산에 오르셨다
[마태 17,1-9]

복음에서 '산'山은
하늘과 맞닿은 순수한 깨어 있음의 진리이며
혼탁한 관념의 지식이 아닌 살아 있는 생명의 진리를 함축한다.

복음에서 '산'은
아버지 뜻으로의 나,
아버지 자비로의 나,
아버지 생명으로의 나를 직면하고 깨닫게 하는
아버지의 거룩한 땅이다.

"예수님께서는 베드로와 야고보와 그의 동생 요한만 따로 데리고
높은 산에 오르셨다."(루카 17,1)

진리는 율법의 지식으로 전해지는 것이 아니다.
아버지의 자비와 말씀에서 진리는 살아 있는 사랑으로 뿜어진다.
진리의 참생명을 만나는 길은
높은 산에 오르는 것이다.
아버지의 거룩한 땅에 나를 묻는 것이다.

"그들 앞에서 모습이 변하셨는데,

그분의 얼굴은 해처럼 빛나고 그분의 옷은 빛처럼 하얘졌다.
그때에 모세와 엘리야가 그들 앞에 나타나
예수님과 이야기를 나누었다."(마태 17,2-3)

"모세와 엘리야가 그들 앞에 나타나 예수님과 이야기를 나누었다."

율법과 예언은
아버지의 자비와 말씀 안에서 생명의 진리로 변모한다.

"그들이 눈을 들어 보니 예수님 외에는 아무도 보이지 않았다."(마태 17,8)

3월 13일 사순 제2주간 월요일
되질하는 바로 그 되로
[루카 6,36-38]

한 물체의 양면을 보고서
둘이라 하지 않는다.

들음과 봄의 몫이 다르다 하여
두 몸이라 하지 않는다.

들숨과 날숨이라 말하지만
태어남과 죽음이라 말하지만
한 생명의 영원한 향연이다.

'남을 심판하지 마라.'
'남을 단죄하지 마라.'
'용서하여라.'
'주어라.'
'너희가 되질하는 바로 그 되로 너희도 되받을 것이다.' (루카 6,36-38 참조)

한 자비 안에 나와 너는
둘이라 할 수 없다.

바라봄과 보여짐이 하나이듯

깨어남과 잠듦이 하나이듯
모두가
한 자비의 모습이며 움직임이다.

"너희가 되질하는 바로 그 되로 너희도 되받을 것이다."(38절)

3월 14일 사순 제2주간 화요일

모세의 자리에 앉아 있다
[마태 23,1-12]

하늘은 구름에 대한 지식을 기억할 이유가 없다.
하늘은 새에 대한 지식을 기억할 이유가 없다.

땅은 나무에 대한 지식을 기억할 이유가 없다.
땅은 사람에 대한 지식을 기억할 이유가 없다.

나는 나 자신에 대한 지식을 기억할 이유가 없다.
나는 관념의 지식을 기억할 이유가 없다.

나는 그대로 하늘이며
나는 그대로 땅이다.

나는 그대로 생명이며
나는 그대로 자비다.

"율법 학자들과 바리사이들은 모세의 자리에 앉아 있다."(마태 23,2)

모세의 자리는 기억과 지식의 자리다.
모세의 자리는 생명과 진리의 자리가 아니다.

"이 세상 누구도 아버지라고 부르지 마라.
너희의 아버지는 오직 한 분, 하늘에 계신 그분뿐이시다." (마태 23,9)

나는 그대로 아버지의 집이다.
나는 그대로 아버지의 자비다.

아버지의 자리에
아버지께서 머무신다.

3월 15일 사순 제2주간 수요일

넘겨질 것이다
[마태 20,17-28]

"사람의 아들은 수석 사제들과 율법 학자들에게 넘겨질 것이다."(마태 20,18)

자비의 길, 말씀의 길, 생명의 길은
영원토록
자비와 말씀 그리고 생명으로 실재한다.

자비는
사람으로 오시고
사람에게 넘겨지고
십자가의 나무에 못 박힌다.
그러나
자비는
영원한 생명으로 영원한 말씀으로 영원히 실재한다.

"사람의 아들도 섬김을 받으러 온 것이 아니라 섬기러 왔고
또 많은 이들의 몸값으로 자기 목숨을 바치러 왔다."(마태 20,28)

자비는
섬기러 왔고
많은 이들의 몸값으로

자기 목숨을 바치러 왔다.
그러나
자비는
영원한 생명으로 영원한 말씀으로 영원히 실재한다.

3월 16일 사순 제2주간 목요일

부자의 식탁에서 떨어지는 것으로
[루카 16,19-31]

예수님께서 바리사이들에게 말씀하셨다.
"어떤 부자가 있었는데, 그는 자주색 옷과 고운 아마포 옷을 입고
날마다 즐겁고 호화롭게 살았다.
그의 집 대문 앞에는 라자로라는
가난한 이가 종기투성이 몸으로 누워 있었다.
그는 부자의 식탁에서 떨어지는 것으로 배를 채우기를 간절히 바랐다.
그러나 개들까지 와서 그의 종기를 핥곤 하였다."(루카 16,19-21)

어떤 부자의 살아 있음이든
어떤 바리사이의 살아 있음이든

아브라함의 살아 있음이든
라자로의 살아 있음이든

살아 있음은 그대로 자비의 있음이다.
살아 있음은 그대로 자비의 진리다.

"어떤 부자가 있었는데
그는 자주색 옷과 고운 아마포 옷을 입고
날마다 즐겁고 호화롭게 살았다."(19절)

"라자로라는 가난한 이가 종기투성이 몸으로 누워 있었다.
그는 부자의 식탁에서 떨어지는 것으로 배를 채우기를 간절히 바랐다."
(20절)

지식의 탐욕과 진리의 추구

살아 있음의 증거를 지식의 탐욕으로 착각해선 안 된다.
살아 있음은 자비의 실재를 믿음이다. 자비의 진리를 따름이다.

가난한 라자로는
어떤 부자의 집 대문 앞에 종기투성이 몸으로 누워
부자로 하여금
지식의 탐욕에서 벗어나
아버지 자비에 눈뜨고
아버지 자비를 따름이 절대 구원의 진리임을 선포한다.

가난한 라자로는
부자의 식탁에서
부자의 눈물을 기다리며
"부자의 식탁에서 떨어지는 것으로
배를 채우기를 간절히 바랐다."(21절)

살아 있음에 머물러야 한다.
오직
아버지의 자비에 머물러야 한다.

부자는
자비의 이름으로 자기를 내어놓아야 한다.
부자는
부자의 식탁에서 떨어지는 것으로
배를 채우기를 간절히 바라는 이웃에게
주님의 자비와 진리가 되어야 한다.

3월 17일 사순 제2주간 금요일

자기 몫의 소출을 받아 오라
[마태 21,33-43.45-46]

자연은 전체 진리의 생명과 하나로 소통하기에 자연이다.
자연은 개별과 개체의 존재가 모여 이루어진 것이 아니다.
자연은 하늘 생명의 생명체가 한 진리로 함께하기에 자연이다.

자연 안에 있으면서도 자연임을 모르고 있는 존재는 사람밖에 없다.
자연이면서도 전체 진리의 길을 벗어나 있는 존재도 사람밖에 없다.
자연 안에서 자신의 먹거리만 찾는 존재도 사람밖에 없다.
자연이 나인데도 나가 자연임을 모르는 존재도 사람밖에 없다.

자연은 그대로 하느님의 나라다.
하느님의 살아 있는 생명과 말씀이 자연이다.

"포도철이 가까워지자
그는 자기 몫의 소출을 받아 오라고 소작인들에게 종들을 보냈다."
(마태 21,34)

자기 몫의 소출은 무엇인가?

하늘의 진리에 듦이다.
아버지의 자비에 머묾이다.

하느님의 나라를 돌봄이다.

나는 자비를 떠나 있을 수 없다.
나는 자연을 벗어나 숨 쉴 수 없다.
나는 본디 하느님 나라의 소작인이다.

"내가 너희에게 말한다.
하느님께서는 너희에게서 하느님의 나라를 빼앗아
그 소출을 내는 민족에게 주실 것이다."(마태 21,43)

나가 부여받은 것은
오직 하나의 한 진리밖에 없다.
하느님의 나라다.

자기 몫의 소출은
오직 하나의 한 말씀밖에 없다.
하느님의 나라다.

3월 19일 사순 제3주일

지금이 바로 그때다
[요한 4,5-42]

"진실한 예배자들이
영과 진리 안에서 아버지께 예배를 드릴 때가 온다.
지금이 바로 그때다.
사실 아버지께서는 이렇게 예배를 드리는 이들을 찾으신다.
하느님은 영이시다.
그러므로 그분께 예배를 드리는 이는
영과 진리 안에서 예배를 드려야 한다." (요한 4,23-24)

빛의 생명은 온 누리에 한 생명으로 흐르듯
영의 진리도 모든 민족의 사람들에게 한 지비로 머문다.

율법의 지식은
잘려 있는 거대한 나무토막과 같아서
육안으론 커 보이지만 살아 있는 생명의 나무가 아니다.

"내 양식은
나를 보내신 분의 뜻을 실천하고
그분의 일을 완수하는 것이다." (요한 4,34)

자비의 진리는

지식 위에 관념을 얹거나
율법 위에 계명을 얹어 만들어지지 않는다.

오직
아버지의 말씀에서 비롯된다.
아버지의 자비에서 완수된다.

"하느님은 영이시다.
그러므로 그분께 예배를 드리는 이는
영과 진리 안에서 예배를 드려야 한다."(요한 4,24)

3월 20일 동정 마리아의 배필 성 요셉 대축일
잠에서 깨어난 요셉
[마태 1,16-24]

나 자신도 있다고 여기고
아버지의 자비도 있다고 여기면
신앙과 삶의 갈등은 끊임없이 이어진다.
이원화된 지식 자체가 분열이다.

아버지의 자비만이 있고
아버지의 뜻만이 있음을 알 때
아버지의 자비와 아버지의 뜻은 아버지의 나를 깨닫게 한다.
합일이다.
깨어 있는 믿음은 말씀의 한 빛으로 머문다.

본연의 의식과 관념의 지식을 혼동해선 안 된다.
믿음의 진리와 신뢰의 의중을 혼동해선 안 된다.

믿음은 지식의 관념으로 규정될 수 없다.
아버지의 자비 안에 아버지의 뜻으로 실재함이 믿음이다.

요셉이 그렇게 하기로 생각을 굳혔을 때,
꿈에 주님의 천사가 나타나 말하였다.
"다윗의 자손 요셉아, 두려워하지 말고 마리아를 아내로 맞아들여라.

그 몸에 잉태된 아기는 성령으로 말미암은 것이다.
마리아가 아들을 낳으리니 그 이름을 예수라고 하여라.
그분께서 당신 백성을 죄에서 구원하실 것이다."
잠에서 깨어난 요셉은 주님의 천사가 명령한 대로 하였다.(마태 1,20-24)

자신으로 동일시한 지식의 잠에서 깨어나야 한다.
자신의 아집으로부터 깨어나야 한다.

"잠에서 깨어난 요셉은 주님의 천사가 명령한 대로 하였다."

3월 21일 사순 제3주간 화요일
하늘이 셈을 한다
[마태 18,21-35]

하늘이 하늘 한 움큼을 따로 떼어 놓을 수 없듯이
나도 나를 이만큼 저만큼 떼어 놓을 수 없다.

죄는
나가 나를 위해 나를 따로 숨기려 함과 같다.
불가한 일을 가능하다고 여기며 행동하는 모든 것은 사실 죄다.
본연의 나가 나 자신이라는 관념의 지식에 갇힐 때
나는 나 자신의 처지와 상태를 나로 동일시하기 시작한다.
죄의 씨알이 된다.

죄와 용서.
나가 나에 대한 그릇된 동일시의 결과다.
죄의 감정과 용서의 감정은 한 동전의 양면처럼
나 자신이라는 고착된 지식의 산물이다.

사람이 사람에게 죄를 짓는 것은 나가 나에게 죄를 짓는 것이며
사람이 사람에게 돌을 던지는 것은 나가 나에게 돌을 던지는 것이다.
하늘의 뜻을 저버림이며 하늘에 죄를 짓는 것이다.

사람이 사람을 용서한다는 것은

나가 나에게 나 자신을 인정함과 같기에
이 또한 하늘의 나를 저버림이며 하늘에 죄를 짓는 것이다.

본연의 나는 그대로 하늘의 이치 안에 있다.
본연의 나는 그대로 하늘의 뜻이며 하늘의 생명이다.
하늘의 나는 하늘 모두를 하늘의 지체로 안다.

나에 나 자신이 없음이 무심無心이다.
이보다 더한 용서는 없다.
이보다 더한 사랑은 없다.

나에 나 자신이 없음이 무아無我다.
이보다 더한 죄의 해방은 없다.
이보다 더한 내적 평화는 없다.

"하늘나라는 자기 종들과 셈을 하려는 어떤 임금에게 비길 수 있다.
너희가 저마다 자기 형제를 마음으로부터 용서하지 않으면
하늘의 내 아버지께서도 너희에게 그와 같이 하실 것이다." (마태 18,23.35)

아버지의 자비는
아버지의 자비에 머물게 한다.

아버지의 자비는
아버지의 자비로 셈을 한다.

3월 22일 사순 제3주간 수요일
지식은 진리가 아니다
[마태 5,17-19]

율법이 사람이 지녀야 할 윤리적 규범이나 관념의 지식으로
옮겨 가는 순간,
율법은 사람과 사람을 가르는 분별의 지식으로 바뀐다.

지식은 이원화二元化를 뜻한다.
선과 악, 우월과 열등, 천당과 지옥 등
지식은 사람과 사람의 관계를, 사람과 사람의 운명을
관념의 지식으로 파악하고 판단하는 해악을 불러온다.
지식은 관념의 지식을 정의의 진리로 착각하게 한다.
지식은 진리가 아니다.

율법이든 예언서든 사람의 입을 빌리지 않은 것은 없다.
중요한 것은, 사람의 지식을 빌리지 않았고, 사람의 입만을 빌린 것이다.
그러나 율법이 사람의 지식에 가닿는 순간,
율법은 사람이 지닌 지식의 타당성과 합리화를 대변하는
지식으로 탈바꿈한다.
그로 인해, 율법은 본래의 회개와 회복 그리고 말씀으로의 회귀인
비움으로의 진리를 잃어버리게 된다.

'자비 있음'인 '살아 있음'보다 선행하는 것은 없다.

아버지의 자비와 생명보다 앞서는 것은 없다.
이처럼 하늘의 진리를 선포함이 율법이었는데
사람의 지식은 지식과 관념의 상像으로 율법을 받들게 되었다.

예수님께서 제자들에게 말씀하셨다.
"내가 율법이나 예언서들을 폐지하러 온 줄로 생각하지 마라.
폐지하러 온 것이 아니라 오히려 완성하러 왔다.
내가 진실로 너희에게 말한다.
하늘과 땅이 없어지기 전에는, 모든 것이 이루어질 때까지
율법에서 한 자 한 획도 없어지지 않을 것이다."(마태 5,17-18)

율법은 진정 말씀의 자비를 가리키는 생명의 손길이었다.
율법은 진정 아버지의 자비로 자비를 일으키는 자비의 선포였다.

지식을 거두어야 한다.
지식을 비우고 자비의 길에 들어섬이
율법의 생명을 사는 길이다.

3월 23일 사순 제3주간 목요일
하느님의 손가락
[루카 11,14-23]

"내가 하느님의 손가락으로 마귀들을 쫓아내는 것이면
하느님의 나라가 이미 너희에게 와 있는 것이다."(루카 11,20)

나의 것, 나의 것들이라는 집착의 부산물은
지식의 주머니에 담긴 덧없는 지식에 불과하다.
지식은 나를 구원할 수 없다.

지식의 상像을 좇고
지식에 갇히면
말씀의 진리를 알아들을 수 없다.
눈뜬 벙어리가 되고 만다.

지식을 부러워하고 지식을 따라 행동하면
하느님 나라가 이미 나에게 와 있음을 망각한다.
지식의 마귀가 자리 잡은 것이다.

나는
아버지 숨으로의 나,
아버지 영으로의 나,
아버지 이름으로의 나다.

나는
하느님의 손가락이며
그리스도의 지체다.
지식에 속할 수 없다.

"내 편에 서지 않는 자는 나를 반대하는 자고
나와 함께 모아들이지 않는 자는 흩어 버리는 자다."(루카 11,23)

3월 24일 사순 제3주간 금요일

첫째는 이것이다
[마르 12,28-30]

예수님께서 대답하셨다.
"첫째는 이것이다.
'이스라엘아, 들어라. 주 우리 하느님은 한 분이신 주님이시다.
그러므로 너는 마음을 다하고 목숨을 다하고 정신을 다하고 힘을 다하여
주 너의 하느님을 사랑해야 한다.'"(마르 12,29-30)

주主는
주인主人 주主다.

하느님을
아버지로
주인으로
모시기에
주님이다.

나는
하느님을 주님으로 믿는 순간
아멘의 나,
주님의 나가 된다.
나라고 여기는 여타의 모든 지식은 그 순간 사라진다.

있음의 현존은
그대로
자비의 아멘이며
말씀의 아멘이다.

주님의 자비는 있음의 생명으로 함께하며
주님의 영은 있음이 복음임을 깨닫게 한다.

믿음은
무無의 속살이며 공空의 소리다.
나 없음이며 나 비움이기 때문이다.

아멘은 전체 진리의 숨결이며
자비 생명의 현현이다.

"들어라. 주 우리 하느님은 한 분이신 주님이시다."

3월 26일 사순 제4주일
하느님의 일
[요한 9,1-41]

무엇이 태어났는가?
무엇이 태어나게 했는가?

꽃은 무엇이 피게 하는가?
무엇으로 꽃은 피어 있는가?

무엇을 나로 알고 태어났다고 말하는가?
무엇이 나를 숨 쉬게 하는가?

태어남은
자각함이다.
자각의 생명에 눈뜸이다.
아버지의 일,
아버지의 뜻,
아버지의 자비만이 실재함을
'아는 그것'이다.

살아 숨 쉼의 모든 움직임은
그대로 자비다.

자비는
자비의 일로
자비를 자각하게 한다.

태어남
숨 쉼
늙고 병듦
그리고 죽음
모두가
자비의 일이다.

나는
단지
그 무엇에도 관여할 수 없다는 것을
'아는 그것'일 뿐이다.

아버지의 자비만이 영원하며
아버지의 자비 밖에 그 무엇도 실재할 수 없다.

예수님께서 대답하셨다.
"저 사람이 죄를 지은 것도 아니고 그 부모가 죄를 지은 것도 아니다.
하느님의 일이 저 사람에게서 드러나려고 그리된 것이다.
이제 밤이 올 터인데 그때에는 아무도 일하지 못한다.
내가 이 세상에 있는 동안 나는 세상의 빛이다."(요한 9,3-5)

"하느님의 일이 저 사람에게서 드러나려고 그리된 것이다."

"내가 이 세상에 있는 동안 나는 세상의 빛이다."

만사가
하느님의 일이다.

만사가
자비의 빛이다.

나는 단지 '아는 그것'이다.
나는 단지 자비의 일이다.

3월 27일 사순 제4주간 월요일
말씀을 믿고 떠나갔다
[요한 4,43-54]

나의 것이나 나의 것들이 아닌
본연의 나인 있음의 나를 직시해야 한다.

나가 나를 거둘 때까지
있음이 있음으로 하나 될 때까지
나는 나만을 응시해야 한다.

있음이 비움임을
비움이 있음임을
한 진리로 알아차려야 한다.

있음의 나는
있음의 자비로
있음의 자비를
관조한다.
결코 나누일 수 없다.

예수님께서 그에게 말씀하셨다.
"가거라. 네 아들은 살아날 것이다."
그 사람은 예수님께서 자기에게 이르신 말씀을 믿고 떠나갔다. (요한 4,50)

죽어 감의 있음과 바라봄의 있음은
결코 다를 수 없다.

믿음은
자비의 있음만을 본다.
영원한 생명의 자비만을 본다.

믿음은
모든 지식의 그림자들을 거둔다.
모든 의혹의 지식을 태운다.

3월 28일 사순 제4주간 화요일

못 속에 넣어 줄 사람
[요한 5,1-16]

그 병자가 예수님께 대답하였다.
"선생님, 물이 출렁거릴 때에 저를 못 속에 넣어 줄 사람이 없습니다. 그래서 제가 가는 동안에 다른 이가 저보다 먼저 내려갑니다."(요한 5,7)

나가 나를 던진 사람
나가 나를 퍼 올린 사람
나가 나를 잃은 사람

스스로
스스로의 진리에 들어섬이다.
스스로
스스로의 하늘에 빛이 됨이다.
스스로
스스로의 자비에 믿음이 됨이다.

스승은 누구인가?

나를 보게 하는 하늘이다.
나를 숨 쉬게 하는 숨이다.
나를 찾게 하는 진리다.

스승은 누구인가?

물이 출렁거릴 때에 못 속에 넣어 주고
진리로 향한 열정이 가득할 때 진리의 빛을 보게 하고
관념의 지식에 빠져 있을 때 생명의 진리에 머물게 하고
거짓된 우상에 고개 숙일 때 말씀의 십자가로 서 계신다.

스승은 누구인가?

자기의 들것은 스스로 들게 하고
주님의 이름으로 일어나
스스로 걷게 하신다.

예수님께서 그에게 말씀하셨다.
"일어나 네 들것을 들고 걸어가거라." (요한 5,8)

3월 29일 사순 제4주간 수요일

죽음에서 생명으로 건너갔다
[요한 5,17-30]

숨 자체는
모습이나 형태가 없다.

숨 자체는
나와 네가 다르다는 분별과 차별이든
종교의 다름이든
예절의 형식이든
율법의 계명이든
사람이 빚어낸 모든 지식과 타협하지 않는
천리天理의 생명이다.

숨 자체는
하늘의 진리로
하늘의 말씀으로
하늘의 생명으로
하늘의 이름으로 영원히 실재한다.

주검과 죽음은 실로 다르다.

주검은
숨을 쉬지 않는 시신이고 사체이나
죽음은
자비의 생명과 말씀의 진리를 따르지 않는
무덤과 같은 완고한 마음이다.

죽음은
진리의 생명 밖에 따로 있는 것이 아니다.

죽음은
하늘 밖에
나 밖에
따로 있지 않다.

"내가 진실로 진실로 너희에게 말한다.
죽은 이들이 하느님 아들의 목소리를 듣고
또 그렇게 들은 이들이 살아날 때가 온다.
지금이 바로 그때다.
아버지께서 당신 안에 생명을 가지고 계신 것처럼,
아들도 그 안에 생명을 가지게 해 주셨기 때문이다." (요한 5,25-26)

3월 30일 사순 제4주간 목요일

성경이 나를 위하여 증언한다
[요한 5,31-47]

"너희는
성경에서 영원한 생명을 찾아 얻겠다는 생각으로 성경을 연구한다.
바로 그 성경이 나를 위하여 증언한다.
그런데도 너희는 나에게 와서 생명을 얻으려고 하지 않는다."(요한 5,39-40)

영원한 생명은 영원한 진리다.
영원한 생명은 영원한 말씀이다.

몸을 숨 쉬게 하는 것은
생명의 차원에선 아주 작은 한 부분이다.

몸을 숨 쉬게 하는 것은
무한한 생명의 진리에 머물게 함이다.

나 밖에 진리는 없기 때문이다.
생명 밖에 나는 없기 때문이다.

살아 있는 진리의 생명은 문자 속에 있지 않다.
살아 있는 생명의 진리는 사람의 지식으로 만들어 낼 수 없다.

영원한 생명의 진리는
생명이 함께하는 생명체에 있다.

영원한 말씀의 생명은
아버지께서 내신 아버지의 몸에 있다.

영원한 자비의 진리는
성경의 문자 안에 있는 것이 아니다.
계명의 풀이와 해석에 있는 것이 아니다.

성경은
나를 내신 아버지의 자비를 증언할 뿐이다.
"성경이 나를 위하여 증언한다."(39절)

영원한 말씀의 진리는
"아버지께서 나에게 완수하도록 맡기신 일들"(36절)
에 있다.

"나에게는 요한의 증언보다 더 큰 증언이 있다.
아버지께서 나에게 완수하도록 맡기신 일들이다.
그래서 내가 하고 있는 일들이 나를 위하여 증언한다.
아버지께서 나를 보내셨다는 것이다.
그리고 나를 보내신 아버지께서도 나를 위하여 증언해 주셨다."

(요한 5,36-37)

3월 31일 시순 제4주간 금요일

나는 나 스스로 온 것이 아니다
[요한 7,1-2.10.25-30]

모든 생명체의 움직임과 일은
어디에서 비롯되었는가!

무엇이 꽃을 피게 하며
무엇이 몸을 움직이게 하는가!

알 수 없는 생명
볼 수 없는 진리
그러나
스스로 아는 '그것'을 주셨다.
'그것'이 바로 '나'다.

그렇다면
아는 '그것'으로의 '나'는
어디에서 온 것인가!

하늘을 믿고 따르는 가난한 마음은
어느 무엇이 안겨 준 것인가!

눈 감아 본다.

눈 떠 본다.
바로 '아는 그것'이다.
'그것'을 아는 '그것'뿐이다.

예수님께서는 성전에서 가르치시며 큰 소리로 말씀하셨다.
"너희는 나를 알고 또 내가 어디에서 왔는지도 알고 있다.
그러나
나는 나 스스로 온 것이 아니다.
나를 보내신 분은 참되신데 너희는 그분을 알지 못한다.
나는 그분을 안다.
내가 그분에게서 왔고 그분께서 나를 보내셨기 때문이다."(요한 7,28-29)

나는 나를 알 수 없다.
나는 나를 볼 수 없다.

나를 보내신 분만이
'아는 그것'으로
나를 보고 있다.

4월 2일 사순 제5주일

어떤 이가 병을 앓고 있었는데
[요한 11,1-45]

진리의 빛을 찾고 있는 이
비움의 나를 구하는 이
자비의 말씀에 머무는 이

사랑에 목말라하는 이
믿음으로 나마저 잃어버린 이
말씀의 십자가로 구원을 바라는 이

진정
진리의 병을 앓고 있는 이다.
진정
말씀의 병을 앓고 있는 이다.
진정
부활의 생명을 누리고 있는 이다.

예수님께서 그에게 이르셨다.
"나는 부활이요 생명이다.
나를 믿는 사람은 죽더라도 살고,
또 살아서 나를 믿는 모든 사람은 영원히 죽지 않을 것이다.
너는 이것을 믿느냐?"(요한 11,25-26)

믿음의 병을 앓아 본 적이 있는가!
사랑의 병을 앓아 본 적이 있는가!

믿음의 생명은 무덤의 동굴에 묻히지 않는다.
믿음의 빛은 '어디에 걸려 넘어지지 않는다'.(9절)

4월 3일 사순 제5주간 월요일
선생님, 아무도 없습니다
[요한 8,1-11]

나가 있고 생각이 따로 있는 것이 아니듯
나가 있고 죄가 따로 있는 것이 아니다.

나가 있고 하늘이 따로 있는 것이 아니듯
나가 있고 진리가 따로 있는 것이 아니다.

나가 있고 구속救贖이 따로 있는 것이 아니듯
나가 있고 깨달음이 따로 있는 것이 아니다.

나가 있고 죽음이 따로 있는 것이 아니듯
나가 있고 부활이 따로 있는 것이 아니다.

나가 있고 자연이 따로 있는 것이 아니듯
나가 있고 네가 따로 있는 것이 아니다.

그 여자가 "선생님, 아무도 없습니다" 하고 대답하자
예수님께서 이르셨다.
"나도 너를 단죄하지 않는다.
가거라. 그리고 이제부터 다시는 죄짓지 마라." (요한 8,11)

나가 있고 무無가 따로 있는 것이 아니듯
나가 있고 자비가 따로 있는 것이 아니다.

아버지의 뜻으로
아버지의 자비로
아버지의 길을 따름이
나 있음의 모두다.

"선생님, 아무도 없습니다."

4월 1일 시순 제5주간 화요일

내가 나임을
[요한 8,21-30]

나는 나가 존재함을 무엇으로 아는가?
무엇이 나로 하여금 행동하게 하는가?

알 수 없어 '무'無라 한다.
알 수 없어 '자비'라 한다.
알 수 없어 '있음'이라 한다.
알 수 없어 '나'라 한다.

깨달음
깨우침은
오직
알 수 없다는 그것을
그것으로 앎이다.
그것으로 봄이다.

온통
송두리째
자비뿐이다.

"정녕 내가 나임을 믿지 않으면

너희는 자기 죄 속에서 죽을 것이다."(요한 8,24)

아버지의 종,
아버지의 자비는
영원히 함께한다.

4월 5일 사순 제5주간 수요일
나는 내 아버지에게서
[요한 8,31-42]

본다.
듣는다.
말한다.

안다.
느낀다.
만진다.

숨의 잔치,
숨의 밥상이다.

진정
무엇을 나로 알고 있는가!

진정
나를 무엇으로 보고 있는가!

"나는 내 아버지에게서 본 것을 이야기하고
너희는 너희 아비에게서 들은 것을 실천한다."(요한 8,38)

지금 여기의 빛,
지금 여기의 숨이 '봄'이다.
바로 자비의 진리다.
바로 나다.

4월 6일 사순 제5주간 목요일

나는 아브라함이 태어나기 전부터 있었다
[요한 8,51-59]

물끄러미 바라본다.
나로 여겨 온 이름과 허망한 기억의 지식들을 본다.

물끄러미 바라본다.
나 안에 나라는 것, 있지 않음을 본다.

물끄러미 바라본다.
'나의 봄'에서 '봄의 나'로 옮겨 감을 본다.

물끄러미 바라본다.
'봄'과 '보여짐'에서 무無의 하늘과 무無의 땅을 본다.

물끄러미 바라본다.
무無의 씨알이 무無의 꽃으로 피어남을 본다.

물끄러미 바라본다.
무無의 봄으로 봄의 무無를 본다.

"내가 진실로 진실로 너희에게 말한다.
나는 아브라함이 태어나기 전부터 있었다." (요한 8,58)

아브라함은
자비의 한 점으로
무無의 한 점으로
영원한 하늘의 땅에 머물며
믿음의 진리를 보여 주었다.

아브라함은
자비이신 하느님의 땅에
믿음의 씨알을 심어 주었다.

영원히
영원히
아버지의 자비만이 실재함을
일깨워 주었다.

"나는 아브라함이 태어나기 전부터 있었다."

4월 7일 사순 제5주간 금요일
내가 이르건대 너희는 신神이다
[요한 10,31-42]

모든 만물에 같은 생명의 숨
어디에서 온 것인지 알 수 없다.

생명의 숨과 함께하는 의식
어디에서 비롯된 것인지 알 수 없다.

어떤 형태도 모습도 없는 숨
본연의 나가 아니던가!

진정
어디에서 나를 찾고 있는가!
나의 깨달음을 어디에서 구하고 있는가!

"아버지께서 거룩하게 하시어 이 세상에 보내신 내가
'나는 하느님의 아들이다' 하였다 해서,
'당신은 하느님을 모독하고 있소' 하고 말할 수 있느냐?
아버지께서 내 안에 계시고 내가 아버지 안에 있다는 것을
너희가 깨달아 알게 될 것이다." (요한 10,36.38)

자비밖에 없다.

아버지밖에 없다.

예수님께서 그들에게 말씀하셨다.
"너희 율법에 '내가 이르건대 너희는 신神이다'라고
기록되어 있지 않으냐?"(요한 10,34)

"보십시오. 저는 주님의 종입니다."(루카 1,38)

4월 9일 주님 수난 성지 주일

저의 하느님, 저의 하느님
어찌하여 저를 버리셨습니까?
[마태 26,14—27,66]

"아버지, 하실 수만 있으시면 이 잔이 저를 비켜 가게 해 주십시오.
그러나 제가 원하는 대로 하지 마시고
아버지께서 원하시는 대로 하십시오."(마태 26,39)

"아버지, 이 잔이 비켜 갈 수 없는 것이라서 제가 마셔야 한다면,
아버지의 뜻이 이루어지게 하십시오."(마태 26,42)

"친구야, 네가 하러 온 일을 하여라."(마태 26,50)

"엘리 엘리 레마 사박타니?"
이는 '저의 하느님, 저의 하느님, 어찌하여 저를 버리셨습니까?'
라는 뜻이다.(마태 27,46)

많은 경우, 나의 일이라 여기며 일들에 매달리지만
실상, 남의 일을 하고 있고 남으로부터 수고비를 받을 뿐이다.
나와 남은 세상일의 관계에서도 나누일 수 없다.

남의 일을 나의 일로 여기고
나의 일을 남을 위한 일로 여긴다면

나와 남은 한 울타리가 되고 한 울이 되어 우리가 될 것이다.

그런데
그런데
숨 쉬며 바라보고 움직이는 모든 일들,
씨알을 심고 움터 난 싹을 돌보며 열매를 되돌리는 모든 일들을
아버지의 일로 믿고 따른다면
나와 남은 온통 아버지의 자비이며 자비의 몸임을
아버지의 이름으로 깨닫게 된다.

아버지의 일은 헌신의 일로 내려오고
자비의 생명으로 봉헌하게 된다.
실로
아버지 자비밖에 없다.

"저의 하느님, 저의 하느님, 어찌하여 저를 버리셨습니까?"

아버지!
버리시듯 죽음에 넘기심도
아버지의 일입니다.
아버지의 자비입니다.
아버지의 뜻을 이루심입니다.

아버지!
아버지마저 버리신 그 자비로
하느님마저 바치신 그 비움으로

이 몸이 자비임을 깨닫게 해 주십니다.
이 비움이 영원한 진리임을 깨닫게 해 주십니다.

저의 하느님!
저의 하느님!
어찌하여 저를 버리셨습니까!
어찌하여 저를 안으셨습니까!
어찌하여 한 빛 가운데 두셨습니까!

아버지!
아버지께서는 아버지의 나라를
아버지의 비움으로
아버지의 자비로 안겨 주십니다.

4월 10일 성주간 월요일
온 집 안에 향유 냄새가 가득하였다
[요한 12,1-11]

"마리아가 비싼 순 나르드 향유 한 리트라를 가져와서,
예수님의 발에 붓고 자기 머리카락으로 그 발을 닦아 드렸다.
그러자 온 집 안에 향유 냄새가 가득하였다."(요한 12,3)

스스로가 스스로의 무無를 깨달을 때
스스로가 스스로의 비움에 머무를 때
'마음이 가난'한 '그것'이다.
'자기 머리카락으로 그리스도의 발을 닦아' 드린 '그것'이다.

믿음은
하늘의 뜻과 하늘의 자비를
하늘의 움직임인 '그것'으로 응답한다.

자비의 섭리,
자비의 움직임,
자비의 일 외에 그 무엇도 있을 수 없다.

율법과 관념의 지식으로
사람이 사람 위에 군림하거나
사람이 사람에게 멍에의 짐을 안겨 주어선 안 된다.

먼저
자기 머리카락으로 그리스도의 발을 닦아 드려야 한다.
아버지의 이름으로 이웃의 고통에 함께해야 한다.

"그러자 온 집 안에 향유 냄새가 가득하였다."

4월 11일 성주간 화요일
내가 빵을 적셔서 주는 자
[요한 13,21-38]

제자가 예수님께 더 다가가,
"주님, 그가 누구입니까?" 하고 물었다.
예수님께서는
"내가 빵을 적셔서 주는 자가 바로 그 사람이다" 하고 대답하셨다.
그리고 빵을 적신 다음 그것을 들어
시몬 이스카리옷의 아들 유다에게 주셨다.
유다가 그 빵을 받자 사탄이 그에게 들어갔다. (요한 13,25-27)

사랑은 사랑밖에 그 무엇도 숨기지 않는다.
믿음은 믿음밖에 그 무엇도 가지지 않는다.
희망은 희망밖에 그 무엇도 기대하지 않는다.

비움이신 그리스도는 오직 해방의 진리를 안기신다.
말씀이신 그리스도는 오직 생명의 진리를 증거하신다.
자비이신 그리스도는 오직 하늘나라의 혼인 잔치를 베푸신다.

그리스도의 피와 땀, 품음의 눈물은 오직 회개의 진리를 여신다.

당신을 팔아넘길 자에게
당신의 몸을 생명의 빵으로 내어 주신 분

팔아넘길 자가 누구냐고 묻는 제자에게
"내가 빵을 적셔서 주는 자가 바로 그 사람이다" 하고
대답하시는 분

자비는 자비의 생명을 스스로 사신다.
자비는 영원의 진리로 '지금 여기'를 관조한다.

4월 12일 성주간 수요일
네가 그렇게 말하였다
[마태 26,14-25]

예수를 팔아넘길 유다가
"스승님, 저는 아니겠지요?" 하고 묻자,
예수님께서 그에게
"네가 그렇게 말하였다" 하고 대답하셨다. (마태 26,25)

절대 믿음은 이미 자비의 진리 안에 머묾이다.
말씀의 생명은 절대 믿음에 실려진다.

믿음은 그대로 비움의 빛이다.
나 안에 나 없음을 빛으로 본다.

말씀의 아멘은 곧 나 없음이다.
자비의 소리로만 실재함을 본다.

나를 나로 알 때 물음은 올라오나
나를 비움으로 알 땐 말씀으로 가득하다.

도道는 물음으로 배우는 '그것'이 아니다.
도道는 비움으로 아는 '그것'이다.

물음은 물음으로 돌아갈 뿐 나를 바꿀 수 없다.
자비의 진리는 오직 믿음의 따름에서 밝혀진다.

"스승님, 저는 아니겠지요?"
"네가 그렇게 말하였다."

4월 13일 주님 만찬 성목요일
내가 너를 씻어 주지 않으면
[요한 13,1-15]

마음이 닫히면
입도 닫히고
귀도 닫히고
눈길도 닫히고
발길도 굳어진다.

벙어리,
귀머거리,
소경,
앉은뱅이가 된다.

마음이 열리면
입도 열리고
귀도 열리고
눈길도 열리고
발에게 걸을 길을 보여 준다.

복음의 소리가 된다.
말씀의 들음이 된다.
진리의 빛으로 본다.

혼인 잔치로 발걸음을 옮긴다.

"내가 너를 씻어 주지 않으면
너는 나와 함께 아무런 몫도 나누어 받지 못한다."(요한 13,8)

4월 14일 주님 수난 성금요일

그 칼을 칼집에 꽂아라

[요한 18,1—19,42]

"그 칼을 칼집에 꽂아라.
아버지께서 나에게 주신 이 잔을 내가 마셔야 하지 않겠느냐?" (요한 18,11)

칼과 칼집
마음과 말씀

칼이 칼집에 꽂혀 있음과
마음이 말씀에 머무름은 같은 이치다.

마음은
말씀의 그릇이며 말씀의 쓰임일 뿐
자기 자신이라는 관념적 지식의 거처가 아니다.

칼은
목을 베는 칼이 아니라
맘을 무無로 되돌리는 칼이다.

칼은 칼집에 꽂혀 있어야 한다.
마음은 말씀의 진리에 머물러야 한다.

"진리에 속한 사람은 누구나 내 목소리를 듣는다." (요한 18,37)

진리에 속함은
나 없음을 자각함이다.

말씀의 씨알이
말씀의 땅에 심김이다.

4월 15일 예수 부활 대축일. 부활 성야

무덤으로 다가가 돌을 옆으로
[마태 28,1-10]

생명의 씨알은
생명의 땅에 심기고
땅의 싹은
생명의 하늘이 기른다.

생명은
생명체의 변화를 주도하고
생명은
생명체의 호환으로 생명의 불멸을 증거한다.

나는
생명체로의 나가 아니다.
나는
생명으로의 나다.

나는
무덤에 묻히어 썩는 그런 육신이 아니다.
나는
무덤의 비석에 새겨진 그런 이름이 아니다.

온 우주 삼라만상이
나의 심장박동에 주목하고 있다.

나는 나를 들을 수 없다.
나는 나를 볼 수 없다.
나는 나를 알 수 없다.
나는 그대로 전체와 하나이기 때문이다.
나는 그대로 한 빛이기 때문이다.
나는 그대로 한 진리의 길이기 때문이다.

생명의 진리가 그대로 나다.
생명의 빛이 그대로 나를 보인다.

"안식일이 지나고 주간 첫날이 밝아 올 무렵,
마리아 막달레나와 다른 마리아가 무덤을 보러 갔다.
그런데 갑자기 큰 지진이 일어났다.
그리고 주님의 천사가 하늘에서 내려오더니 무덤으로 다가가
돌을 옆으로 굴리고서는 그 위에 앉는 것이었다." (마태 28,1-2)

주님의 천사는
바로
주님의 나다.

나는
언제 어느 때고
무덤으로 다가가

돌을 옆으로 굴리고서는
그 위에 앉는
그것이다.

4월 16일 예수 부활 대축일

무덤에 가서 보니
[요한 20,1-9]

"주간 첫날 이른 아침
아직도 어두울 때에
마리아 막달레나가 무덤에 가서 보니
무덤을 막았던 돌이 치워져 있었다."(요한 20,1)

의구심의 발걸음은
기대감과 설렘도 따르지만
두려움과 불안의 무게도 함께한다.
나를 비우지 못함이 사실상 나의 멍에이며 나의 고뇌다.

자비의 뜻은 마음의 가난, 나 비움이기에
가난의 발걸음, 믿음의 발걸음은 자비의 발걸음이 되고
자비의 뜻을 깨닫게 한다.

비움의 믿음이
자비의 빛을 가로막았던 지식의 돌을 치운다.
비움의 따름이
아멘의 길을 열고 아멘의 진리를 완성한다.

영원한 말씀,

영원한 생명은
사람이 만들어 낸 지식의 무덤에 묻힐 수 없다.

"사실 그들은 예수님께서 죽은 이들 가운데에서
다시 살아나셔야 한다는 성경 말씀을
아직 깨닫지 못하고 있었던 것이다."(요한 20,9)

4월 17일 부활 팔일 축제 내 월요일
서둘러 무덤을 떠나, 달려갔다
[마태 28,8-15]

"여자들은 두려워하면서도 크게 기뻐하며
서둘러 무덤을 떠나
제자들에게 소식을 전하러 달려갔다." (마태 28,8)

나를 무덤으로 보고 있는 사람들
무덤에 나를 묻고 싶은 사람들

참혹함과 절망의 고뇌,
헤쳐 나갈 여력이 없는 막막함,
버려짐과 압박해 오는 빚이 목을 조일 때
영원한 해방을 무덤에서 맞이하고 싶지 않겠는가!

무덤으로 걸어가고 있는 마음
무덤에 이미 묻혀 버린 마음

부활의 진리,
부활의 생명은
무덤의 마음에 빛의 생명을 안겨 줌이 아니던가!

예수님께서 그들에게 말씀하셨다.

"두려워하지 마라. 가서 내 형제들에게 갈릴래아로 가라고 전하여라.
그들은 거기에서 나를 보게 될 것이다."(마태 28,10)

부활의 진리는 오직 복음 선포에 있다.
'갈릴래아'는 영원한 자비의 따름이며
이웃의 섬김에서 아버지를 뵙는 믿음의 땅이다.

4월 18일 부활 팔일 축제 내 학요일
나를 더 이상 붙들지 마라
[요한 20,11-18]

나가 나의 실체를 고집할 때
나가 나의 깨달음을 추구할 때
나는 나를 영원히 놓치고 만다.

나로 여기는 나라는 실체는
단지 관념의 지식에 불과하다.

나는
본디
아버지의 일이다.
아버지의 뜻이다.
아버지의 이름으로
자비의 있음을 자각할 뿐이다.

아버지의 뜻과
아버지의 일은
아버지께만 속한다.

구름이 하늘을 붙들 수 없듯이
나 또한 아버지를 붙들 수 없다.

새가 하늘을 날지만 하늘에 묻힐 수 없듯이
나는 아버지의 일을 하지만 아버지의 일에 관여할 수 없다.

예수님께서 마리아에게 말씀하셨다.
"내가 아직 아버지께 올라가지 않았으니
나를 더 이상 붙들지 마라.
내 형제들에게 가서
'나는 내 아버지시며 너희의 아버지이신 분,
내 하느님이시며 너희의 하느님이신 분께 올라간다' 하고 전하여라."
(요한 20,17)

사람은 사람들에게
사람의 위대한 일과 업적을 기리게 하고
기억하게 한다.
그러나
그러나
사람은 사람 본연의 무無를 알아차릴 때
하늘의 천리天理가 그대로 나임을 안다.

4월 19일 부활 팔일 축제 내 수요일

성경 전체에 걸쳐 당신에 관한 기록들을
[루카 24,13-35]

'나는 나를 알 수 없다'와 '나는 나를 이해할 수 없다'
어떤 느낌으로 다가오는가!

'나는 나를 볼 수 없다'와 '나는 나를 그릴 수 없다'
어떤 느낌의 차이로 와닿는가!

"모세와 모든 예언자로부터 시작하여 성경 전체에 걸쳐
당신에 관한 기록들을 그들에게 설명해 주셨다."(루카 24,27)

"나는 누구인가?"
물음을 던지는 '그것'이 '나'일 터인데
"그것이 무엇인가?"

그것에
부활의 진리가 담겨 있다.
부활의 생명이 함께한다.
하늘나라의 혼인 잔치가
아버지의 자비로 베풀어지고 있다.

말씀의 길을 믿는다면

나의 길을 염려하지 말라.
나는 이미 말씀의 길 안에 있다.

"그리스도는 그러한 고난을 겪고서
자기의 영광 속에 들어가야 하는 것이 아니냐?"(루카 24,26)

4월 20일 부활 팔일 축제 내 목요일

나를 만져 보아라
[루카 24,35-48]

만사는 하늘의 일이다.
만짐을 아는 손놀림도 그대로 하늘의 일이다.

하늘의 생명은
하늘을 느끼게 하고
하늘을 일구게 한다.
하늘을 송두리째 내어놓는다.

하늘의 빛은
하늘을 보이고
하늘을 만지게 한다.

예수님께서 그들에게 이르셨다.
"왜 놀라느냐? 어찌하여 너희 마음에 여러 가지 의혹이 이느냐?
내 손과 내 발을 보아라. 바로 나다. 나를 만져 보아라.
유령은 살과 뼈가 없지만, 나는 너희도 보다시피 살과 뼈가 있다."
(루카 24,38-39)

유령은 의혹을 일으키나
성령은 믿음의 빛을 밝힌다.

그림의 냇가엔 발을 담글 수 없다.
오직
생명의 물만이
손과 발을 씻겨 주고
손과 발을 그 자리에 있게 한다.

"내 손과 내 발을 보아라. 바로 나다. 나를 만져 보아라."

아버지!

가지 끝에 달린 꽃잎에서
바람에 날리는 꽃잎에서
발에 밟히는 꽃잎에서

자비를 봅니다.
자비를 만집니다.
자비에 머뭅니다.

보임이 모두
만짐이 모두
자비입니다.

4월 21일 부활 팔일 축제 내 금요일

그물을 배 오른쪽에 던져라
[요한 21,1-14]

경험과 체험은
몸이 있는 동안 의미를 지닐 뿐
몸이 소멸하면 모든 경험의 필요성도 함께 사라진다.

몸을 경험의 수단으로만 본다면
몸을 욕구 충족의 에고로 여긴다면
몸에 입힌 이름과 직위를 나로 동일시한다면
몸은 하늘나라의 혼인 잔치에 들기 위해 있음을 깨닫지 못함이다.

시몬 베드로가 그들에게 "나는 고기 잡으러 가네" 하고 말하자
그들이 "우리도 함께 가겠소" 하였다.
그들이 밖으로 나가 배를 탔지만
그날 밤에는 아무것도 잡지 못하였다.
예수님께서 그들에게
"애들아, 무얼 좀 잡았느냐?" 하시자
그들이 대답하였다. "못 잡았습니다."
예수님께서 그들에게 이르셨다.
"그물을 배 오른쪽에 던져라. 그러면 고기가 잡힐 것이다."
그래서 제자들이 그물을 던졌더니, 고기가 너무 많이 걸려
그물을 끌어 올릴 수가 없었다. (요한 21,3.5-6)

몸은 의지의 도구가 아닌, 말씀의 도구다.
몸은 행복과 불행이라는 삶의 척도가 아닌, 말씀의 쓰임이다.

몸이 있는 동안
빛은 빛을 보게 한다.
빛은 빛의 아름다움을 알게 한다.
빛은 빛의 숨을 쉬게 한다.
빛은 빛의 말씀을 듣게 한다.
빛은 빛의 길을 걷게 한다.

살아 있음이
자비 '있음'이다.

4월 23일 부활 제2주일. 하느님의 자비 주일

두 손과 옆구리
[요한 20,19-31]

자비의 길은
낮춤의 비움으로
비움의 말씀에 눈뜨게 한다.

내가 나를 책임지고 짊어진다고 말들 하지만
내가 나를 짊어지거나 책임질 수 없음을 아는 것이
비움의 진리다.

자비의 이름,
아버지의 이름밖에는
그 무엇도 있지 않음을 아는 그것
비움의 진리다.

예수님께서 오시어 가운데에 서시며
"평화가 너희와 함께!" 하고 그들에게 말씀하셨다.
이렇게 말씀하시고 나서
당신의 두 손과 옆구리를 그들에게 보여 주셨다. (요한 20,19-20)

자비의 진리는
구멍 뚫린 두 손과 옆구리에 있다.

평화의 진리도
구멍 뚫린 두 손과 옆구리에 담겨 있다.
비움의 말씀도
구멍 뚫린 두 손과 옆구리에서 흘러나온다.

4월 24일 부활 제2주간 월요일
위로부터 태어나지 않으면
[요한 3,1-8]

대다수 사람들은
이 세상에서 할 일이 너무 많다고 여기며 한생을 산다.
아주 극소수의 사람만이
나가 할 일은 아무것도 없고
하늘의 일만이 있음을 깨어 바라본다.

대다수 사람들은
자연은 내 손으로 일구어야 한다고 말한다.
아주 극소수의 사람만이
비움의 마음이 자연의 생명임을 안다.

가르치려 하지 말라.
다스리려 하지 말라.
이기려 하지 말라.

사람은 본디 모든 것을 갖추고 왔다.
사람은 본디 모두와 함께 왔다.
사람은 본디 사람의 꼴을 배우러 오지 않았다.

하늘의 빛이 사람을 있게 한다.

하늘의 구름이 사람을 있게 한다.
하늘의 비가 사람을 있게 한다.

예수님께서 그에게 이르셨다.
"내가 진실로 진실로 너에게 말한다.
누구든지 위로부터 태어나지 않으면
하느님의 나라를 볼 수 없다." (요한 3,3)

4월 25일 성 마르코 복음사가 축일
새로운 언어들을 말하며
[마르 16,15-20]

새로운 언어는
살아 있는 말씀의 생명이며
지금 여기에 깨어 있게 하는 자비다.

새로운 언어는
헌 옷에 새 천을 대어 깁는 위선의 말도 아니며
묵은 포도주에 새 포도주를 조금 넣어 자기를 과시하는
거짓의 말이 아니다.

새로운 언어는
그리스도를 통하여
그리스도와 함께
그리스도 안에서
그리스도의 이름으로 선포되는 복음이다.

새로운 언어는
역사서에 토대를 둠도 아니며
율법서에 근간을 둠도 아니다.

새로운 언어는

아버지의 성령께서 함께하시는 예수 그리스도의 말씀이며
아버지의 자비가 드러나는 아버지의 일이며 뜻이다.

"믿는 이들에게는 이러한 표징들이 따를 것이다.
곧 내 이름으로 마귀들을 쫓아내고 새로운 언어들을 말하며,
손으로 뱀을 집어 들고 독을 마셔도 아무런 해도 입지 않으며,
또 병자들에게 손을 얹으면 병이 나을 것이다."(마르 16,17)

새로운 언어는
어디에도
그 무엇에도
물들지 않는 마음

새로운 언어는
그리스도의 십자가 길에
그리스도의 십자가가 되어 드리는
가난한 마음이며
나 없는 믿음이다.

4월 26일 부활 제2주간 수요일

하느님 외아들의 이름
[요한 3,16-21]

보이지 않음은 보임으로 밝혀 주듯
보임은 보이지 않음을 깨닫게 한다.

빛은 빛으로 빛을 알게 하듯
생명은 씨알 안에 거대한 나무를 숨겨 둔다.

'하느님의 외아들'
'자비의 빛'
'생명의 씨알'
'말씀의 십자가'

걸음이라는 행위는
땅의 행위이고
하늘의 행위이며
숨의 행위다.

'하느님 외아들의 이름'은
자비의 이름이며
말씀의 이름이며
십자가의 이름이며

뻥 뚫린 두 손과 옆구리의 이름이다.

"아들을 믿는 사람은 심판을 받지 않는다.
그러나 믿지 않는 자는 이미 심판을 받았다.
하느님 외아들의 이름을 믿지 않았기 때문이다."(요한 3,18)

4월 27일 부활 제2주간 목요일

모든 것 위에 계신다
[요한 3,31-36]

모든 것 위에 계심은
빛을 내신 분이며
하늘과 땅을 여신 분이다.

모든 것 위에 계심은
모두를 내신 분이며
모두를 사랑하시는 분이다.

모든 것 위에 계심은
아버지의 이름으로
아버지의 자비를 보여 주신 분이다.

모든 것 위에 계심은
아브라함이 태어나기도 전에
모세의 율법이 알려지기도 전에
자비의 영으로 지금 여기에
영원히 함께하시는 분이다.

"위에서 오시는 분은 모든 것 위에 계신다.
땅에서 난 사람은 땅에 속하고 땅에 속한 것을 말하는데

하늘에서 오시는 분은 모든 것 위에 계신다."(요한 3,31)

모든 것 너머에
모든 것 가운데
아버지의 자비는 영원하시다.

4월 28일 부활 제2주간 금요일

혼자서 다시 산으로 물러가셨다
[요한 6,1-15]

말씀에 잠기는 산
말씀을 먹이는 산
말씀에 깨어나는 산

비움의 산
빈 무덤의 산
하늘의 산

산은 산으로 나를 보게 하고
나는 산으로 나를 있게 한다.

산은 나를 씨알로 있게 하고
나는 산을 생명으로 있게 한다.

"예수님께서는
그들이 와서 당신을
억지로 모셔다가 임금으로 삼으려 한다는 것을 아시고
혼자서 다시 산으로 물러가셨다."(요한 6,15)

산!

숨결로
생명으로
허무의 빈 무덤으로
말씀의 십자가를 따르게 한다.

4월 30일 부활 제3주일

눈이 열려 예수님을 알아보았다
[루카 24,13-35]

말을 통해 들음을 통해 다가갈 것이 있고
들음과 말을 비운 믿음의 말씀이
스스로를 열어 보이는 자비의 알아차림이 있다.

행위자적 관점에서 눈 뜸과 감음을 이해할 땐
보여지는 것들에 대한 분별과 판단을 불러오나
눈 뜸과 감음을 전체 생명의 한 움직임과 질서로 깨달을 땐
보여지는 모두에서 한 생명의 빛을 보고 한 생명의 나를 본다.

말씀의 진리는
말씀의 땅인 마음에
말씀의 씨알을 심어 주고 키우면서
때가 될 때
말씀의 그늘에 앉게 한다.
자비의 사랑에 눈뜨게 한다.

"그들과 함께 식탁에 앉으셨을 때,
예수님께서는 빵을 들고 찬미를 드리신 다음
그것을 떼어 그들에게 나누어 주셨다.
그러자 그들의 눈이 열려 예수님을 알아보았다.

그러나 그분께서는 그들에게서 사라지셨다."(루카 24,30)

주님의 자비로부터 벗어난 적 없음을 알아차림이
눈 열림이다.

주님의 말씀이 영원토록 함께함을 알아차림이
눈 열림이다.

5월 1일 부활 제3주간 월요일

하느님의 일을 하려면 무엇을 해야 합니까?
[요한 6,22-29]

그들이
"하느님의 일을 하려면 저희가 무엇을 해야 합니까?" 하고 묻자
예수님께서 그들에게 대답하셨다.
"하느님의 일은 그분께서 보내신 이를 너희가 믿는 것이다." (요한 6,28-29)

빛은 만물을 보이고
빛의 생명은 만물로 드러난다.
만물이 있다 함은 빛이 있음을 뜻함이고
빛이 있음은 만물이 있음이다.

만물이 빛을 믿는다고 말할 수 없다.
만물이 빛을 본다고도 말할 수 없다.

빛이 없는 만물도
만물이 없는 빛도 있을 수 없다.

믿음은 무엇인가?

영원한 하나의 자비를 깨달음이다.

영원한 하나의 생명을 앎이다.
영원한 하나의 진리에 머묾이다.

하느님의 일 안에 모두가 있다.
하느님의 자비 안에 모두가 숨 쉰다.
하느님의 말씀 안에 모두가 비움이다.

5월 2일 성 아다나시오 주교 학자 기념일
내가 생명의 빵이다
[요한 6,30-35]

빵은
살아 있는 말씀이며
생명의 진리다.
전해 내려오고 적혀 있는 율법이 아니다.

빵은
지금 여기에
영원한 생명의 말씀으로 실재한다.

진리를 어디에서 구하는가?

진리는
그 어떠한 표징에도
그 어떠한 율법의 계율이나 업적에도 있지 않다.

진리는
참된 회개에 있다.
참된 믿음에 있다.

그들이 예수님께

"선생님, 그 빵을 늘 저희에게 주십시오" 하자
예수님께서 그들에게 이르셨다.
"내가 생명의 빵이다.
나에게 오는 사람은 결코 배고프지 않을 것이며
나를 믿는 사람은 결코 목마르지 않을 것이다." (요한 6,34-35)

생명의 빵
말씀의 빵
진리의 빵

숨 쉬는 '있음' 자체가
아버지 자비의 생명이며
아버지 생명의 자비다.

마음의 등잔은
믿음의 불빛으로 밝혀진다.

5월 3일 성 필립보와 성 야고보 사도 축일

아버지께서 당신의 일을
[요한 14,6-14]

몸에 묻는다.

몸아!
무엇을 하고 있니?
무엇을 하고 있는지 알기는 아니?

컴퓨터 앞에 앉아 있는지
화를 내고 있는지
슬피 울고 있는지
나무에 물을 주고 있는지
알고는 있니?

사랑하는 사람을 기다리고 있는지
죽음을 기다리고 있는지
수도생활을 하는지
진정, 하고 있는 일을 알고 있니?

몸은 답한다.

나에게 물음은 없다.

나에게 나(我)는 없다.

나무처럼
물처럼
흙처럼
그저 그렇게 놓여 있을 뿐이다.

해 오름과 해 짐처럼
물 차오름과 물 빠짐처럼
그저 그렇게 함께할 뿐이다.

'나'도
'나'라는 지금의 '있음'도
몸의 배에 얹힌 채 이념의 바다를 건너고 있지 않다.

나는 나를 모른다.
나는 하늘의 생명체로서 하늘의 생명 안에 머물 뿐이다.
나는 그대로 하늘의 비움이며 하늘의 일로 현존할 뿐이다.

"내가 너희에게 하는 말은 나 스스로 하는 말이 아니다. 내 안에 머무르시는 아버지께서 당신의 일을 하시는 것이다. 내가 아버지 안에 있고 아버지께서 내 안에 계시다고 한 말을 믿어라."(요한 14,10-11)

나는 하늘의 일이다.
나는 하늘의 자비다.
"아버지께서 당신의 일을 하신다."

5월 4일 부활 제3주간 목요일

하늘에서 내려온 살아 있는 빵
[요한 6,44-51]

두려움과 믿음은 병행할 수 없다.
혹시라도
두려움과 믿음이
앞서고 뒤서고 한다면
둘 다 관념의 놀이이며 지식의 분별이 가져온 것이다.

믿음의 진리가 일으키는 행위는
나가 없다.
나라는 것이 없다.

언제쯤
나라는 관념의 지식을 내려놓을 것인가!

언제쯤
죽음이라는 관념의 지식을 거짓으로 바라볼 것인가!

나는 나를 만든 적이 없다.
나는 나를 잃을 일도 없다.

"나는 하늘에서 내려온 살아 있는 빵이다.

누구든지 이 빵을 먹으면 영원히 살 것이다.
내가 줄 빵은 세상에 생명을 주는 나의 살이다."(요한 6,51)

주님!
주님은 주님의 닮음(모상)으로
주님의 자비를 내셨습니다.
주님의 자비를 보이셨습니다.
오직
주님밖에 없음을 깨닫게 하셨습니다.

주님밖에 없음을 아는 '그것'
아버지의 자비입니다.
아버지의 생명입니다.
아버지의 영입니다.

영원토록 찬미와 영광 받으옵소서!

5월 5일 부활 제3주간 금요일

내 살을 먹고 내 피를 마시는 사람
[요한 6,52-59]

자기의 경험을 자기 것으로 수용해 갈 때
자기라는 자기 것의 이미지는 더욱 커지고 마음은 완고해진다.

나무는
꽃피움과 열매 맺음을 자기 경험으로 바라보지 않는다.
나무는 자기라는 자기의 이름을 알지 못한다.
일어남의 모든 일을 전체 생명의 진리 안에서 전체 질서로 바라본다.
스스로의 있음이 하늘의 뜻이며 하늘 생명의 있음으로 안다.

"내 살을 먹고 내 피를 마시는 사람은
내 안에 머무르고
나도 그 사람 안에 머무른다."(요한 6,56)

나라는 나의 이미지 자체가 허구이며 거짓임을 알 때
나는 그대로 하늘의 뜻이며 하늘의 일이다.

하늘의 생명,
자비의 생명,
말씀의 생명에
머무는 사람은

이미
하느님 나라의 일을 하는 사람이다.

지금 여기의 있음 자체가 그대로 아버지의 자비다.
자비의 속살이 자비의 살과 피다.

5월 7일 부활 제4주일

다른 데로 넘어 들어가는 자
[요한 10,1-10]

실의에 빠짐은
나는 나를 잃어버렸다고 여길 때다.

그것도
누군가에 의해 짓밟혔다고 여길 땐
분노와 적개심으로 옮겨 가게 되고
나는 나에게 무능력자로 비춰지게 되고
이내
나는 나를
증오의 대상과 함께 죽고 싶은 유혹에까지 이르게 한다.

모든 유혹의 시발始發
마음 갈등의 출렁임은
자신의 이름,
자신의 이미지,
자신의 모습이 상실되었다고 느낄 때 오는 실의다.

진리에 드는 길은
나 없음을 아는 데 있다.

내적 자유에 이르는 길도
나 없음을 아는 데 있다.

자신의 개념화를 비워야 한다.
자신이 움켜쥔 관념의 지식을 거짓으로 바라보아야 한다.

진리의 문은
비움에 있다.

말씀의 문은
믿음에 있다.

생명의 문은
사랑에 있다.

나가 고집하는 관념의 지식은
나를 다른 데로 넘어가게 한다.
나를 잃어버리게 한다.

"내가 진실로 진실로 너희에게 말한다.
양 우리에 들어갈 때에 문으로 들어가지 않고
다른 데로 넘어 들어가는 자는 도둑이며 강도다." (요한 10,1)

자신의 이름과 이미지 그리고 전통과 관습 안에서
마음을 고착시키는 이는
문으로 들어가지 않고

'다른 데로 넘어 들어가는 자'다.
'도둑이며 강도'다.

5월 8일 부활 제4주간 월요일

내가 스스로 그것을 내놓는 것이다
[요한 10,11-18]

목숨의 그것과 목숨을 지키려는 그것은 같다.
자비의 그것과 자비를 따르려는 그것은 같다.

아버지는 아버지 아닌 것이 없기에
아버지는 아버지를 내어 주어도 아버지이며
아버지는 아버지를 거두어들여도 아버지다.

자비는 자비로만 실재하기에 자비이며
생명은 생명의 밖을 알지 못하기에 생명이다.

자비에 머문다 함은
자비 아닌 그 무엇도 없음을 깨달음이며
지금 여기가 자비임을 봄이다.

만물을 본다.
하나의 자비밖에 없다.

보는 그것과 보이는 그것이 같다.
하나의 마음밖에 없다.

"아무도 나에게서 목숨을 빼앗지 못한다.
내가 스스로 그것을 내놓는 것이다.
나는 목숨을 내놓을 권한도 있고 그것을 다시 얻을 권한도 있다.
이것이 내가 내 아버지에게서 받은 명령이다." (요한 10,17-18)

아버지의 자비를 그 무엇이 앗아 갈 수 있단 말인가!
아버지의 생명을 그 무엇이 가져갈 수 있단 말인가!

아버지의 자비,
아버지의 생명,
아버지의 일이 아니던가!

5월 9일 부활 제4주간 화요일
성전 안에 있는 솔로몬 주랑
[요한 10,22-30]

자비 안에 머무는 이는
자비의 뜻과 자비의 일이 곧 나임을 안다.

자비는 먼 곳에 있지 않다.
자비 안에 머무는 믿음이 다름 아닌 자비다.

나를 묶어 둔 관념의 말뚝
나를 묶어 둔 율법의 지식
나를 묶어 둔 '성전 안에 있는 솔로몬 주랑'(요한 10,23)

나는 그 무엇에도 묶이는 존재가 아니다.
나는 그대로 아버지의 자비다.
나는 그대로 아버지의 생명이다.

"아무도 그들을 내 손에서 빼앗아 가지 못할 것이다."(요한 10,28)

율법의 계명은 권위의 수단이 아니다.
율법의 권위는 통치의 종속에 있지 않다.

나는

하늘의 일인 나는
이념이든 개념이든 관념이든 그 무엇에도 영향받을 수 없다.

"아버지와 나는 하나다."(요한 10,30)

5월 10일 부활 제4주간 수요일

나는 빛으로서 이 세상에 왔다
[요한 12,44-50]

'빛'은
'내가 한 바로 그 말'이며
'나를 보내신 아버지'이며
'영원한 생명'이다.

'빛'은
'나를 보내신 분을 믿는 것'이며
'나를 보내신 분을 보는 것'이며
'그분의 명령이 영원한 생명임을 아는 것'이다.

'빛'은
"무엇을 말하고 무엇을 이야기할 것인지 친히 나에게 명령하신다."
"내가 하는 말은 아버지께서 나에게 말씀하신 그대로 하는 말이다."
(요한 12,49.50)

빛과 세상은 결코 둘로 나눌 수 없다.
자비와 나는 결코 둘이 아니다.

세상의 모든 생명체는 빛의 생명체다.
세상의 모든 사람은 자비의 생명체다.

빛밖에 없다.
자비밖에 없다.

빛의 생명이며
자비의 일이다.

5월 11일 부활 제4주간 목요일

일이 일어날 때에 내가 나임을
[요한 13,16-20]

자비의 길,
구원의 길,
생명의 길에
나라고 여기는 나라는 것은 없다.

오직
아버지의 뜻이며
아버지의 일이며
아버지의 길이다.

자비의 머묾만이 있고
자비의 응시만이 있고
자비의 말씀만이 있다.
나라고 여기는 나는 있을 수 없다.

"제 빵을 먹던 그가 발꿈치를 치켜들며 저에게 대들었습니다"
라는 성경 말씀이 이루어져야 한다. (요한 13,18)

자비는
나라고 여기는 허망한 그림자의 지식을 지운다.

자비는
'일이 일어나기 전'과 '일이 일어날 때'
자비만을 증거한다.
자비의 생명으로 실재한다.

"일이 일어나기 전에 내가 미리 너희에게 말해 둔다.
일이 일어날 때에 내가 나임을 너희가 믿게 하려는 것이다."(요한 13,19)

"내가 나임을"

가슴 저미는
자비의 사랑은
영원한 비움의 나를 깨닫게 한다.

"아버지와 나는 하나다."(요한 10,30)

이보다 더한
지고한 자비가 어디에 있단 말인가!

5월 12일 부활 제4주간 금요일
내 아버지의 집에는 거처할 곳이 많다
[요한 14,1-6]

'아버지의 집은 어디인가?'라는 물음과
'나는 무엇인가?'라는 물음은 같다.

'숨 쉬는, 지금 여기의 몸'과
'지금 여기, 보이는 세상'은 같다.

'숨 쉬게 하는 그것'과
'숨을 거두어 가는 그것'은 같다.

무엇을 담으려 하는가!
무엇을 비우려 하는가!

이미
담겨 있고
이미
비어 있다.

아버지의 집이다.
아버지의 자비다.
아버지의 생명이다.

그저 존재할 뿐인데!
그저 숨 쉴 뿐인데!

"내 아버지의 집에는 거처할 곳이 많다." (요한 14,2)

아버지의 집은
아버지께서 함께하신다.

아버지의 집은
아버지께서 세우신다.

5월 14일 부활 제5주일

나를 본 사람은 곧 아버지를 뵌 것이다
[요한 14,1-12]

나는 아버지의 길이다.
나는 아버지의 진리다.
나는 아버지의 생명이다.

아버지의 길이 나다.
아버지의 진리가 나다.
아버지의 생명이 나다.

아버지께서 가시는 길은 아버지의 홀로의 길이다.
아버지께서 바라보시는 빛은 아버지의 홀로의 빛이다.
아버지께서 누리시는 생명은 아버지의 홀로의 생명이다.

예수님께서 그에게 말씀하셨다.
"필립보야, 내가 이토록 오랫동안 너희와 함께 지냈는데도, 너는 나를 모른다는 말이냐? 나를 본 사람은 곧 아버지를 뵌 것이다. 그런데 너는 어찌하여 '저희가 아버지를 뵙게 해 주십시오' 하느냐? 내가 아버지 안에 있고 아버지께서 내 안에 계시다는 것을 너는 믿지 않느냐? 내가 너희에게 하는 말은 나 스스로 하는 말이 아니다. 내 안에 머무르시는 아버지께서 당신의 일을 하시는 것이다. 내가 아버지 안에 있고 아버지께서 내 안에 계시다고 한 말을 믿어라."(요한 14,9-11)

아버지를 어디에서 뵙고자 하는가!

빛을 바라보는 눈이 빛임을 왜 모르는가!
빛을 찾는 눈이 빛임을 왜 모르는가!

빛밖에 없다.
자비밖에 없다.

눈을 감음도
눈을 뜸도
모두
아버지의 일이다.
아버지의 생명이다.

예수님께서 그에게 말씀하셨다.
"나는 길이요 진리요 생명이다. 나를 통하지 않고서는 아무도 아버지께 갈 수 없다. 너희가 나를 알게 되었으니 내 아버지도 알게 될 것이다. 이제부터 너희는 그분을 아는 것이고, 또 그분을 이미 뵌 것이다."(요한 14,6-7)

아버지의 길
아버지의 진리
아버지의 생명

뒹구는 꽃잎이 외친다.
아기 개구리 앞발에 있다.

5월 15일 부활 제5주간 월요일
아버지께서 내 이름으로 보내실 성령
[요한 14,21-26]

듣고
말하고
보는
모든 행위

하늘이다.
빛이다.
생명이다.

잎사귀
꽃잎
열매

하늘이다.
빛이다.
생명이다.

하물며
나는 어디에서 온 것인가?
나는 어디로 가고 있는가?

"보호자,
곧 아버지께서 내 이름으로 보내실 성령께서
너희에게 모든 것을 가르치시고
내가 너희에게 말한 모든 것을 기억하게 해 주실 것이다."(요한 14,26)

아는 지식은 중요하지 않다.
아는 그것이 중요하다.

말하는 내용은 중요하지 않다.
말하는 그것이 중요하다.

온통
온통

자비뿐인데
아버지의 숨소리밖에 없는데

5월 16일 부활 제5주간 화요일
아버지께서 명령하신 대로 내가 한다
[요한 14,27-31]

개별적 인성의 '나'와
전체 생명과의 통합의 '나'가 있다.

세상을 욕구 성취의 이미지로 바라보는 '나'와
세상을 나로 끌어안는 동체진리同體眞理의 '나'가 있다.

깨달음이 무엇인지 와닿는가!
믿음이 무엇인지 느껴지는가!
자비의 사랑이 무엇인지 보이는가!

하늘이 하늘을 담아 보낸 '나'는
나 자신이라는 관념의 이미지와는 전혀 무관하다.

'나'
바라보나 담을 수 없고
'나'
들으나 알 수 없다.

빛으로
바람으로

가랑비로
나는 나를 볼 뿐이다.

"내가 아버지를 사랑한다는 것과
아버지께서 명령하신 대로 내가 한다는 것을
세상이 알아야 한다."(요한 14,31)

아버지!

찾은들
찾음이 없는데
무엇을 찾을 수 있나요.

물고기가 바다를
참새가 하늘을
찾는 것과 같네요.

그대로
비움이네요.

그대로
자비네요.

그대로
아버지네요.

5월 17일 부활 제5주간 수요일

나는 참포도나무요
나의 아버지는 농부이시다
[요한 15,1-8]

농부와 포도나무
농부의 생명과 포도나무의 생명
농부의 돌봄과 포도나무의 믿음
농부의 흥겨움과 포도나무의 비움
농부의 쉼과 포도나무의 그늘

생명의 향연
자비의 향연
비움의 향연

산은
산을 오르게 하고
오르는 산은
서 있는 산에
입 맞춘다.

"나는 참포도나무요 나의 아버지는 농부이시다.
나에게 붙어 있으면서 열매를 맺지 않는 가지는
아버지께서 다 쳐 내시고,

열매를 맺는 가지는 모두 깨끗이 손질하시어
더 많은 열매를 맺게 하신다."(요한 15,1-2)

믿음은 비움이다.

자비는
비움의 밥상에
당신을 올려놓으신다.

5월 18일 부활 제5주간 목요일
내 기쁨이 너희 안에 있다
[요한 15,9-11]

기쁨! 하면
믿음의 빛이 떠오르고
나 없음의 진리로 나를 본다.

슬픔! 하면
세월의 그림자가 떠오르고
욕구의 불꽃에 타들어 가는 나를 본다.

지식의 힘은
이미지의 상像으로 나를 보나
기쁨의 깨어남은
자비의 빛으로 내 집을 밝힌다.

기쁨!
아버지의 몸으로 아버지의 일을 한다.
아버지의 자비로 아버지의 사랑을 한다.

아버지의 기쁨이다.
아버지의 생명이다.

"내 기쁨이 너희 안에 있고
또
너희 기쁨이 충만하게 하려는 것이다."(요한 15,11)

아버지의 기쁨이
나다.

5월 19일 부활 제5주간 금요일
목숨을 내놓는 것보다 더 큰 사랑은 없다
[요한 15,12-17]

"목숨을 내놓는 것보다
더 큰 사랑은 없다."(13절)

진리를 증거하는 것보다
더 큰 사랑은 없다.

복음의 기쁨을 함께 나누는 것보다
더 큰 사랑은 없다.

사랑은
자비에 눈뜸이다.

생명에 눈뜨고
진리에 눈 열고
말씀에 눈 열림이다.

"내가 너희에게 명령하는 것은 이것이다.
서로 사랑하여라."(요한 15,17)

사랑은

아버지의 이름으로
아버지의 일을 행함이다.

사랑은
서로가 자비임을 안다.
서로가 비움임을 안다.

5월 21일 부활 제6주일
그분은 진리의 영이시다
[요한 14,15-21]

있는 그대로
텅 빈 '있음'은
있는 그대로
함께하는 '있음'이다.
사랑이다.

자비의 말씀을 '알아차림'은
'진리의 영'과 '함께함'이다.
사랑이다.

하늘의 바람처럼
바다의 파도처럼
사랑은 진리의 영과 함께한다.

빛은
빛으로
빛을 보이듯
진리의 영은
말씀으로
함께한다.

"너희가 나를 사랑하면 내 계명을 지킬 것이다.
그리고 내가 아버지께 청하면,
아버지께서는 다른 보호자를 너희에게 보내시어,
영원히 너희와 함께 있도록 하실 것이다.
그분은 진리의 영이시다." (요한 14,15-17)

진리의 영이신 아버지!

마음 나무에 달린 사랑의 잎은
바람도 있게 하네요.
가랑비도 있게 하네요.

말씀 나무에 달린 말씀의 잎은
말씀의 꽃도 피게 하네요.
말씀의 씨알도 달리게 하네요.

5월 22일 부활 제6주간 월요일

진리의 영
[요한 15,26—16,4]

본다
있는 그대로의 '빛'
본다
있는 그대로의 '있음'
본다
있는 그대로의 '나'

한 하늘이며
한 비움이다.

빛은 색을 가진 것이 아니라 색을 드러내고
있음은 모습이 있는 것이 아니라 모습을 보게 하고
나는 나 자신을 지닌 것이 아니라 '진리의 영'을 밝힌다.

보는 것보다 보는 그것
듣는 것보다 듣는 그것
말하는 것보다 말하는 그것
아버지를 증언한다.
진리의 영이다.

"아버지에게서 나오시는 진리의 영이 오시면,
그분께서 나를 증언하실 것이다.
그리고 너희도 처음부터 나와 함께 있었으므로
나를 증언할 것이다."(요한 15,26-27)

증언은
처음부터 함께 있음을 밝힘이다.

5월 23일 부활 제6주간 화요일

죄와 의로움과 심판에 관한
세상의 그릇된 생각
[요한 16,5-11]

물고기의 크고 작음은 누구의 탓이던가?
소리의 크고 작음은 누구의 탓이던가?

과연
분별의 지식은 어디에서 온 것인가!

하늘은
죄와 의로움과 심판에 관하여 그 어떠한 말도 하지 않았다.
하늘은
바람이 꽃을 꺾는다 하여 바람을 가둔 적이 없고
비가 땅을 적신다 하여 비를 거둔 적이 없다.

그대로 하늘이다.
모두가 하늘의 있음이다.

과연
지식의 사악함은 어디에서 온 것인가!

왜

하늘 보는 그것을 나로 간주하는가!
하늘 보는 그것 또한 하늘이 아니던가!

하늘 아래 하늘 아닌 것이 있던가!
어디에서 하늘을 찾는가!

"보호자께서 오시면
죄와 의로움과 심판에 관한 세상의 그릇된 생각을 밝히실 것이다.
그들이 죄에 관하여 잘못 생각하는 것은
나를 믿지 않기 때문이고
그들이 의로움에 관하여 잘못 생각하는 것은
내가 아버지께 가고 너희가 더 이상 나를 보지 못할 것이기 때문이며
그들이 심판에 관하여 잘못 생각하는 것은
이 세상의 우두머리가 이미 심판을 받았기 때문이다." (요한 16,8-11)

'세상의 우두머리'는
죄와 의로움과 심판으로 허송세월한다.
죄와 의로움과 심판이 지식의 발판이다.

빛의 세상은
자유와 믿음과 사랑으로 하늘의 생명을 누린다.

하늘 진리의 빛이 나임을 모를 때
지식의 관념은 나를 삼킨다.
사탄이며 마귀다.

"세상의 우두머리가 이미 심판을 받았다."(11절)

5월 24일 부활 제6주간 수요일

나에게서 받아 너희에게 알려 주실 것
[요한 16,12-15]

빛이 있어
빛을 본다.

빛이 있어
빛의 생명을 먹는다.

거짓은
내가 빛을 본다고 여기는 것이고
참은
나가 그대로 빛임을 아는 그것이다.

무엇이 나를 경험하는가?

무엇이 나를 어둡다고 말하는가?

나의 태어난 날을 기억하지 말라.
나의 죽을 날을 상상하지 말라.

빛이다.
자비다.

"아버지께서 가지고 계신 것은 모두 나의 것이다.
그렇기 때문에 성령께서 나에게서 받아 너희에게 알려 주실 것이라고
내가 말하였다."(요한 16,15)

빛은
빛의 그림자를 두지 않는다.

텅 비워진 나는
나라는 그림자를 두지 않는다.
그래서
나다.

5월 25일 부활 제6주간 목요일

근심은 기쁨으로 바뀔 것이다
[요한 16,16-20]

새는
생각 속의 하늘을
날지 않는다.

새는
생각 속의 하늘을
하늘로 보지 않는다.

본디 나는
머릿속의 나를 모른다.
본디 나는
머릿속의 지식도 모른다.

근심은 어디에 있던가!
기쁨은 어디에 놓여 있던가!

본디 나를
하늘의 기쁨으로 보지 못함이
근심이다.

본디 나를
자비로 바라봄이
기쁨이다.

자비가
나다.

"내가 진실로 진실로 너희에게 말한다.
너희는 울며 애통해하겠지만 세상은 기뻐할 것이다.
너희가 근심하겠지만, 그러나 너희의 근심은 기쁨으로 바뀔 것이다."
(요한 16,20)

진리의 빛을 잃어버림에 대한 애통함이
이내
진리의 빛이 되어 나를 밝힌다.
진리의 빛이 되어 빛의 기쁨이 되다

5월 26일 성 필립보 네리 사제 기념일

그날에는 너희가 나에게 아무것도 묻지 않을 것이다
[요한 16,20-23]

뭔가 깨달았다고 말하지만
누군가를 미워한다고 말하지만
어느 누구를 사랑한다고 말하지만
실상
깨달음도 미움도 사랑도 실체는 없다.

그러면서도

깨달았다고 말한다.
미워한다고 말한다.
사랑한다고 말한다.

모습은 실체가 될 수 없다.
상태도 실체가 될 수 없다.
사실상
나에게 나를 보일 나의 실체라는 것은 없다.

모두가 모두
빛이며 자비다.

한 생명을 모시고 있는 생명체다.
한 말씀을 모시고 있는 말씀의 집이다.

"이처럼 너희도 지금은 근심에 싸여 있다.
그러나 내가 너희를 다시 보게 되면 너희 마음이 기뻐할 것이고,
그 기쁨을 아무도 너희에게서 빼앗지 못할 것이다.
그날에는 너희가 나에게 아무것도 묻지 않을 것이다." (요한 16,22-23)

자비의 힘,
자비의 일,
자비의 숨이
나다.

"그날에는 너희가 나에게 아무것도 묻지 않을 것이다."

5월 28일 주님 승천 대축일

예수님께서 분부하신 산으로 갔다
[마태 28,16-20]

마음의 산,
자비의 산,
믿음의 산은
'하늘과 땅의 모든 권한'을 나로 보여 준다.
'하늘과 땅의 모든 권한'을 나로 이루신다.

나는 어디에서
세상의 권위와 권한을 찾고 있는가!

하늘과 땅의 모든 숨결이 나이며
하늘과 땅의 모든 있음이 '나의 있음'으로 통한다.

나가 산을 오르려거든
나가 나를 비우려거든
나에게 나는
텅 빈 비움의 산임을 알아야 한다.

나의 산은 비움이다.
비움은 그대로
아버지의 자비며

아버지의 진리다.

"그때에 열한 제자는 갈릴래아로 떠나
예수님께서 분부하신 산으로 갔다.
그들은 예수님을 뵙고 엎드려 경배하였다.
그러나 더러는 의심하였다."(마태 28,16-17)

아버지를 뵙는 산은
비움의 산이요
아버지를 의심하는 산은
지식의 산이다.

5월 29일 복자 윤지충 바오로와 동료 순교자들 기념일

내가 있는 곳에 나를 섬기는 사람도 함께 있을 것이다
[요한 12,24-26]

섬김의 길은
'나 없음'의 길이나
섬김이 '나 있음'을 전체의 진리로 보게 한다.

섬김의 길은
믿음의 길이며
비움의 길이다.

말씀이 있는 곳
말씀이 머무는 곳
말씀이 사는 곳
바로
섬김이다.

자비의 길과 십자가의 길이 하나이듯
말씀의 길과 섬김의 길은 하나다.

하늘의 진리는 섬김의 진리다.

"내가 있는 곳에 나를 섬기는 사람도 함께 있을 것이다."(요한 12,26)

말씀은
섬김의 진리로
말씀의 자비를 선포하신다.

5월 30일 부활 제7주간 화요일

영원한 생명
[요한 17,1-11]

"영원한 생명이란
홀로 참하느님이신 아버지를 알고
아버지께서 보내신 예수 그리스도를 아는 것입니다." (요한 17,3)

진리는
지식의 말에 담길 수 없고
말씀으로 함께한다.

생명은
생生과 사死에 담길 수 없고
말씀을 아는 그것이다.

"아버지, 때가 왔습니다.
아들이 아버지를 영광스럽게 하도록
아버지의 아들을 영광스럽게 해 주십시오." (요한 17,1)

말씀이 말로 옮겨질 때가 기도다.
말로 말씀을 담을 순 없다.

아버지에 머무는

아버지를 부르는
이 모두가
아버지 자비다.
아버지 영광이다.

5월 31일 복되신 동정 마리아의 방문 축일
말씀이 이루어지리라고 믿으신 분!
[루카 1,39-56]

'경험은 누가 하는가?'와
'나는 누구인가?'는
다르지 않다.

경험의 기억들이 나를 이루는 것처럼 여겨지나
모든 경험은
나 있음을 벗어날 수 없다.
나 있음에서 비롯되고 나 있음으로 스며들 뿐이다.
하늘 아래 놓인 것은 하늘을 벗어날 수 없다.

말씀이 말씀의 경험을 일으킨다.
말씀이 말씀의 믿음을 일으킨다.
말씀이 말씀의 진리를 보인다.

말씀이 나 있음을 있게 한다.
말씀이 나 있음을 알게 한다.
말씀이 나 있음을 말씀으로 채운다.

"행복하십니다,
주님께서 하신 말씀이 이루어지리라고 믿으신 분!"(루카 1,45)

말씀의 있음을 나의 있음으로 믿을 때
나의 있음이 말씀의 있음임을 알 때
나가 아버지의 행복임을 안다.
나가 아버지의 영광임을 안다.

6월 1일 성 유스티노 순교자 기념일

아버지께서 저를 사랑하신 그 사랑이 그들 안에 있다
[요한 17,20-26]

사랑은 함께함이다.
함께함은 둘로 나누일 수 없음을 뜻한다.

사랑은 내어 줌이다.
내어 줌은 한 생명의 한 몸을 뜻한다.

사랑은 비움이다.
비움은 나라는 나가 없음을 뜻한다.

사랑은 나다.
나는 나를 보일 뿐이다.
나 아닌 나는 없다.

"저는 그들에게 아버지의 이름을 알려 주었고
앞으로도 알려 주겠습니다.
아버지께서 저를 사랑하신 그 사랑이 그들 안에 있고
저도 그들 안에 있게 하려는 것입니다."(요한 17,26)

아버지 자비를 나로 알 때

아버지 자비 안에 '나'가 있다.

함께함은 나와 너라는 둘을 지운다.
함께함은 하나의 한 진리로 한 사랑을 밝힌다.

자비밖에 없다.
아버지밖에 없다.

6월 2일 부활 제7주간 금요일
내 양들을 돌보아라
[요한 21,15-19]

사람의 사랑은 하느님의 사랑이다.
사랑의 사람은 아버지의 사람이다.

아버지의 이름은
세상의 모든 차별과 분별을 무無로 돌린다.
사랑이다.

무無는
한 말씀에 품음이며
한 생명에 깃듦이다.

사랑의 진리는
절대 무無를 알아차림이다.

무無의 자각이
사랑이다.

아버지의 이름이
'모두의 있음'임을 앎이
사랑이다.

"내 양들을 돌보아라."(요한 21,17)

생명의 숨이 아님이 없다.
사랑의 숨이 아님이 없다.

6월 4일 성령 강림 대축일

문을 모두 잠가 놓고 있었다
[요한 20,19-23]

님은
나의 문
나는
님의 문

문은
밝음과 어둠을 모르나
밝음을 닫으면 어둠을 보여 주고
밝음으로 열리면 어둠을 거둔다.

문은
나와 님을 모르나
님이 문을 열면
나는 님의 방이 된다.
나와 님을 하나로 묶어 준다.

나는 나를 모른다.
문이
나를 님 있음으로 깨닫게 한다.

제자들은 유다인들이 두려워 문을 모두 잠가 놓고 있었다.
그런데 예수님께서 오시어 가운데에 서시며,
"평화가 너희와 함께!" 하고 그들에게 말씀하셨다. (요한 20,19)

'나'가 문을 잠갔다 하지만
문은
님의 문이다.
님은 언제든
당신의 문을 여신다.
영원토록 함께하신다.

"평화가 너희와 함께!"

6월 5일 성 보니파시오 주교 순교자 기념일
집 짓는 이들이 내버린 돌
[마르 12,1-12]

말씀의 땅 위에 그들만의 집을 짓는 이들
그들의 눈에 들지 않아 바숴 버리고 내버린 돌들

말씀의 땅 위에 앉아 나만의 세상을 꿈꾸는 이들
그들의 마음에 들지 않아 내치고 죽인 사람들

버린 돌은 버려진 줄 모른다.
진리는 버려질 수 없다.

사람을 죽인 사람은 죽음의 뜻을 알지 못하고 있다.
진리의 생명은 영원히 지금 여기에 있다.
자비의 말씀은 영원히 지금 여기에 있다.

기도하고 있으면서도 자신의 세상만을 기리는 이들
명상하고 있으면서도 진리의 생명을 보지 못하는 이들

무덤에 묻혀야만 죽음이 아니다.
빛 가운데 있으면서도 빛임을 모름이 죽음이다.

"너희는 이 성경 말씀을 읽어 본 적이 없느냐?

'집 짓는 이들이 내버린 돌, 그 돌이 모퉁이의 머릿돌이 되었네.
이는 주님께서 이루신 일, 우리 눈에 놀랍기만 하네.'"(마르 12,10-11)

"집 짓는 이들이 내버린 돌"

자기의 세상을 만들기 위해 저버린 진리
그러나
진리는 버려질 수 없다.
말씀의 생명은 죽을 수 없다.

머릿돌이 된다.
주님의 일이 드러난다.

6월 6일 연중 제9주간 화요일

하느님의 것은 하느님께 돌려드려라
[마르 12,13-17]

존재하는 '그것'
숨을 쉬게 하는 '그것'

'그것'이 '나'다.
'그것'이 '도道'다.
'그것'이 '무無'다.
'그것'이 '자비'다.

'나'는
나라고 여겨 온 나의 지식과는 전혀 무관하다.

알 수 없음이 나다.
볼 수 없음이 신神이다.

그것으로 머물 땐
보임과 보이지 않음은 하나이나
지식으로 머물 땐
보임과 보이지 않음이 둘로 나뉜다.

손가락의 움직임을 손으로 보는가!

꽃의 움직임을 꽃으로 보는가!
그것이다.
그것뿐이다.

"황제의 것은 황제에게 돌려주고
하느님의 것은 하느님께 돌려드려라."(마르 12,17)

돌려주는 그것이 무엇인가?
그런데
마음을 어디에 두고 있는가?

6월 7일 연중 제9주간 수요일

부활이 없다고 주장하는 사두가이들

[마르 12,18-27]

부활은
하느님 자비의 진리에 속한다.

부활은
사람의 지식 안에 있지 않다.

부활은
하느님 말씀의 영원성과 하느님 생명의 영원성이
진리의 영과 예수 그리스도의 이름으로 선포됨이다.

부활은
죽고 난 이후의 사람의 상태가 아니라
'아브라함의 하느님'
'이사악의 하느님'
'야곱의 하느님'으로 모두와 함께함이며
영원토록 '산 이들의 하느님'이심을
복음의 진리로 밝히심이다.

하늘의 생명이 사람의 수명을 있게 함이지
하늘의 생명이 사람의 수명에 속함이 아니다.

하늘의 생명은 영원토록 아버지 자비 안에 있다.

아버지 자비에 머무는 절대 믿음은
아버지의 자비로 비롯된다.
부활의 진리이며 부활의 생명이다.

"부활이 없다고 주장하는 사두가이들이 예수님께 와서 물었다."(마르 12,18)

아버지 자비의 길은 오직 아버지 자비 안에 있다.
아버지 말씀의 길은 오직 아버지 말씀 안에 있다.
아버지 생명의 길은 오직 아버지 생명 안에 있다.

6월 8일 연중 제9주간 목요일

주 우리 하느님은
한 분이신 주님이시다
[마르 12,28-34]

마음의 시선을 어디에 두고 사는가?
믿음의 응시를 어디에 두고 사는가?

살아 있다는 '있음'은
세상의 유有를 뜻하는 것 같지만
살아 있다는 '있음'은
절대 진리의 무無를 가리키는 손가락이다.
하여
'있음'은 소멸하는 있음이 아니다.
오직
하느님 자비의 실재를 영원히 밝히는 '있음'이다.

'있음'은
생명의 빛이며
자비의 생명이다.

'나를 무엇으로 볼 것인가'가 아니다.
'나 없음을 무엇으로 알 것인가'가 핵심이다.

있음은 영원한 자비다.
자비의 응시만이 있을 따름이다.

"주 우리 하느님은 한 분이신 주님이시다." (마르 12,29)

6월 9일 연중 제9주간 금요일

어떻게 메시아가 다윗의 자손이 되느냐?
[마르 12,35-37]

전통 물림의 예찬을 통해
현 직위를 미화하고
조상의 믿음을 극찬하면서
현 권위에 믿음을 갖게 하는 가르침보다
더한 거짓과 위선은 없다.

나의 입을 통해 나가는 말이
말씀에 날개를 다는 것인 양 우쭐댈 때
말은 나의 상像이 되어 나를 부리게 된다.
개념과 지식의 상像에 갇히게 된다.
악마의 짓을 스스로 하고 있다.

나는
나라는 지식, 나로 여기는 개념과는 전혀 무관하다.

본디 나는
나의 이름도 나의 모습도 없다.
진정
모세가 나가 아니며
나가 다윗이 아니다.

자비의 생명이 나다.
자비의 뜻이 나다.
그래서
나 아닌 것이 없고
자비 아닌 것이 없다.

"어떻게 메시아가 다윗의 자손이 되느냐?" (마르 12,37)

6월 11일 삼위일체 대축일

세상이 아들을 통하여
구원을 받게 하시려는 것이다
[요한 3,16-18]

꽃은 어디에 담겨 있는가!
바람은 어디에 담겨 있는가!

세상은 어디에 담겨 있는가!
사람은 어디에 담겨 있는가!

꽃도 바람도
세상도 사람도
자비의 한 점,
자비의 한 빛이 아니던가!
자비의 알아차림이 구원이 아니던가!

나 있음이 자비의 숨이요
자비의 숨이 나 있음이 아니던가!

자비가 사람으로 내려오고
자비의 영이 사람을 올리니
자비는 홀로 자비에 못 박히고
자비는 홀로 자비의 진리에 드시네.

"세상이 아들을 통하여
구원을 받게 하시려는 것이다."(요한 3,17)

자비가 내신 사랑은
영원토록 자비다.

자비가 내신 생명은
영원토록 자비의 생명이다.

구원의 진리며
자비의 진리다.

6월 12일 연중 제10주간 월요일
기뻐하고 즐거워하여라
[마태 5,1-12]

자비뿐이다.
자비로 자비의 숨을 쉬며
자비로 자비의 일을 한다.
자비밖에 없다.

자비뿐이다.
자비로 자비의 몸이 움직이며
자비로 자비의 몸이 거두어진다.
자비밖에 없다.

자비뿐이다.
자비는 자비의 진리에 눈을 열어 주고
자비는 자비의 말씀에 머물게 한다.
자비밖에 없다.

"기뻐하고 즐거워하여라."
"기뻐하고 즐거워하여라."
"기뻐하고 즐거워하여라." (마태 5,12)

자비뿐이다.

자비 있음이 기쁨이며
자비 있음이 즐거움이다.
자비밖에 없다.

6월 13일 연중 제10주간 화요일

소금이 제 맛을 잃으면
무엇으로 다시 짜게 할 수 있겠느냐?
[마태 5,13-16]

진리는 영원한 생명의 빛이다.
영원성은 시작과 끝이 없다.

나는 본원적으로 이해해야 한다.
나는 한시적 시간성 안에 묶이지 않는다.

소금이 소금의 짠맛을 잃을 수 없듯이
나는 나의 영원성을 잃을 수 없다.

생명의 매 순간이 빛의 생명이다.
생명의 길이 생로병사를 겪게 한다.

나 존재는 그대로 빛의 존재다.
나 존재는 그대로 생명의 존재다.

하늘의 권능은 절대적이다.
생명의 나는 영원하다.

아버지의 자비는 영원한 생명의 진리다.

그 무엇도 하늘을 옮길 순 없다.
그 무엇으로도 하늘은 옮겨지지 않는다.

"소금이 제 맛을 잃으면 무엇으로 다시 짜게 할 수 있겠느냐?"(마태 5,13)

아버지 자비밖에 없다.

6월 14일 연중 제10주간 수요일
스스로 지키고 또 그렇게 가르치는 이
[마태 5,17-19]

나가 나를 지킬 수 있다고 보는가!
나가 남을 지킬 수 있다고 보는가!

나가 나를 가르칠 수 있다고 보는가!
나가 남을 가르칠 수 있다고 보는가!

먼저
나 없음을 보아야 한다.
먼저
나 없음을 보여야 한다.

지킴의 전부이며
가르침의 모두다.

꽃이 피는 행위가 그러하고
파도가 이는 행위가 그러하듯
순수 행위는
행위자의 지식과 타협하지 않는다.

"스스로 지키고 또 그렇게 가르치는 이"(마태 5,19)

스스로 지킴은
자비의 따름밖에 없다.
자비의 일과 자비의 뜻이 바로 나임을
아는 그것밖에 없다.

6월 15일 연중 제10주간 목요일

얼른 타협하여라
[마태 5,20-26]

자비에 대한 절대 믿음은
모두를 내려놓게 한다.
모두를 자비의 빛으로 보게 한다.

자비에 대한 절대 믿음은
자비의 길에서 나를 보게 한다.
자비의 길이 나임을 알게 한다.

세상의 시선에 갇혀선 안 된다.
세상의 가치에 흔들려선 안 된다.
세상의 보상에 기대선 안 된다.

"너를 고소한 자와 함께 법정으로 가는 도중에 얼른 타협하여라."(마태 5,25)

아버지와의 화해,
아버지와의 일치,
아버지와의 동행보다 큰 해방과 자유는 없다.

"네가 마지막 한 닢까지 갚기 전에는
결코 거기에서 나오지 못할 것이다."(마태 5,26)

마음에 얽힌 마지막 한 닢까지
아버지의 이름으로
내려놓아야 한다.
용서해야 한다.

아버지의 사람,
아버지의 사랑,
아버지의 지체가 나다.

6월 16일 연중 제10주간 금요일

네 오른눈이 너를 죄짓게 하거든
[마태 5,27-32]

왼눈이 모르는 오른눈의 죄는 있을 수 없고
오른눈의 죄를 알지 못하는 왼눈도 있을 수 없다.

절대 불가한데
절대 불가의 가정假定을 언급한 의도와 뜻은 무엇인가?

이념과 관념 그리고 지식의 개념들에
나를 팔아넘기지 말아야 한다.

간음하지 말아야 한다.
나 자신이라는 상像을 만들어 내선 안 된다.
나는 나를 소유할 수 없다.
나는 나에게 관여한 적이 없다.

나는
그대로
자비의 모상이며 말씀의 모상이다.

아버지만이 아버지의 모상을 내실 수 있다.
아버지만이 아버지의 진리를 보일 수 있다.

"네 오른눈이 너를 죄짓게 하거든 그것을 빼어 던져 버려라.
온몸이 지옥에 던져지는 것보다 지체 하나를 잃는 것이 낫다."(마태 5,29)

6월 18일 그리스도의 성체 성혈 대축일

나를 먹는 사람
[요한 6,51-58]

나가 누구인가?
나를 무엇으로 보고 있는가?

지식의 개념이 나를 좀먹고 있다.
관념의 상像이 나를 현혹하고 있다.
율법의 계명이 나를 가두고 있다.

더 이상
관념을 삼키지 말라.
더 이상
나의 이미지에 속지 말라.

나 있음 그대로가 하늘의 있음이다.
나 있음 그대로가 자비의 있음이다.
나 있음 그대로가 그리스도의 지체다.

나는 나를 봄으로 비움의 나를 안다.
나는 나를 봄으로 그리스도의 성체와 성혈을 깨닫는다.

"살아 계신 아버지께서 나를 보내셨고

내가 아버지로 말미암아 사는 것과 같이,
나를 먹는 사람도 나로 말미암아 살 것이다."(요한 6,57)

먹는다는 것은
자비의 행위요 하늘의 행위다.

먹는다는 것은
자비의 일이요 비움의 행위다.

먹는다는 것은
영원한 일치의 길이며
한 진리의 몸으로 있음이다.

6월 19일 연중 제11주간 월요일
네 속옷을 가지려는 자에게는 겉옷까지
[마태 5,38-42]

빼앗길 수 없는 '그것'
영원한 생명의 '그것'
말씀의 진리다.

속옷과 겉옷의 분별에 현혹되지 말라.
속옷과 겉옷의 개념에 속지 말라.

전통의 규범과 관습의 양식을 통해선 구원에 이를 수 없다.
빼앗길 수 없는 '그것'
영원한 생명의 '그것'이
본디 나다.
한 몸이 죽으면 사라지고 말 것들에 대해 마음을 애태우지 말라.

아버지의 이름으로 족하다.
나라고 여기는 지식의 상像에 더는 매달리지 말라.

"너를 재판에 걸어
네 속옷을 가지려는 자에게는 겉옷까지 내주어라." (마태 5,40)

옷은 옷이다.

나를 담아낼 수 없다.
진리의 몸을 숨길 수 없다.

아버지 자비밖에 없다.
오직
아버지의 자비를 따라야 한다.

6월 20일 연중 제11주간 화요일

완전한 사람
[마태 5,43-48]

순수한 사랑은 분별이 없다.
완전한 사람도 차별을 모른다.

지식과 관념에서 비롯되는 것은
사랑의 탈을 썼을 뿐 사랑이 아니다.

사랑은
나라는 흔적도
나라는 그림자도 지니지 않는다.

사랑은
하늘길을 보여 주고
하늘과 바람을
거미줄과 거미를
하나로 보게 한다.
경험자와 경험을
텅 빈 하늘에 앉게 한다.

사랑은
나의 손안에

나의 마음 안에 있지 않다.

사랑은
사랑을 알지 못한다.
사랑마저 비웠다.
텅 빈 하늘이 그대로 사랑이다.

"하늘의 너희 아버지께서 완전하신 것처럼
너희도 완전한 사람이 되어야 한다."(마태 5,48)

완전한 사람은
텅 빈 하늘의 사랑을 이해한 사람이다.
텅 빈 하늘의 숨을 마시는 사람이다.

6월 21일 연중 제11주간 수요일

하늘에 계신 너희 아버지
[마태 6,1-6.16-18]

하늘은
나 밖의 하늘이 아니다.

나도
하늘 밖의 나가 아니다.

나비와 꽃잎도
하늘 밖의 생명이 아니다.

하늘은 그대로 나이며
나는 그대로 하늘이다.

나와 나는 하늘이며
땅의 꽃빛이 나다.

깨어나야 한다.
나라는 모습을 털어 내고
나라는 생각을 털어 내면
온갖 상賞의 염원도 털어진다.
온갖 이름의 염원도 털어진다.

하늘의 자비뿐이다.
하늘의 생명뿐이다.

"하늘에 계신 너희 아버지"(마태 6,1)이시다.

6월 22일 연중 제11주간 목요일

빈말
[마태 6,7-15]

나를 전체로 알아차릴 때
전체를 나로 바라볼 때
경험과 경험자라는 엄격한 분리는 의미를 잃게 된다.

경험과 경험자를 따로 인지할 때
경험에서 주위 모은 경험자의 지식과 자만에
빈말은 야기된다.

나의 참이해는
나가 곧 관觀임을 아는 그것이기에
경험자의 지식으로
경험자의 관점으로
다가갈 수 없다.

기도는
시간성에 토대를 둔 경험자의 염원이 아니다.

기도는
자비의 나를 자비로 봄이다.
자비의 나를 자비로 앎이다.

하나의 전체를 하나의 자비로 꿰뚫음이다.

지식의 짓거리에 속지 말라.
지식의 짓거리로 애태우지 말라.
지식의 짓거리는 아무리 그럴듯해도 빈말이다.

생명의 진리를 담을 수 없다.
생명의 진리를 옮길 수 없다.

"너희는 기도할 때에 다른 민족 사람들처럼
빈말을 되풀이하지 마라." (마태 6,7)

6월 23일 예수 성심 대축일

아버지를 드러내 보여 주려는 사람
[마태 11,25-30]

'아버지를 드러내 보여 주려는 사람'(27절)은
'아버지의 선하신 뜻'(26절)을 따르는 사람이다.

'아버지를 드러내 보여 주려는 사람'은
'아버지께서 모든 것을 나에게 넘겨주셨음'(27절)을 아는 사람이다.

"아버지,
하늘과 땅의 주님,
지혜롭다는 자들과 슬기롭다는 자들에게는 이것을 감추시고
철부지들에게는 드러내 보이시니
아버지께 감사드립니다."(마태 11,25)

'이것'은 무엇인가?

아버지께서 모든 것을 나에게 넘겨주셨음을 아는 '그것'이 아니겠는가!

눈을 감아 본다.
눈을 떠 본다.

눈 감음을 아는 '그것'

눈 뜸을 아는 '그것'

붙들 수도 없는 '그것'
내려놓을 수도 없는 '그것'

'그것'은 '그것'을 알지 못한다.
'그것'은 '그것'을 알 수 없다.

자비의 빛
자비의 생명

6월 25일 연중 제12주일. 민족의 화해와 일치를 위한 기도의 날

하늘에 계신 내 아버지께서 이루어 주실 것이다
[마태 18,19-22]

생명의 불꽃이 몸에서 꺼지면 무엇이 남을까?
남는 것이 없다.

자비의 불꽃이 마음에서 꺼지면 무엇이 남을까?
남는 것이 없다.

생명과 자비의 불꽃이 머무를 때만
생명과 자비의 일을 할 뿐이다.
나의 일이라는 것은 있을 수 없다.

나의 있음은
생명과 자비의 있음이다.

있음의 나는
아버지 이름의 있음이다.

"너희 가운데 두 사람이 이 땅에서 마음을 모아 무엇이든 청하면,
하늘에 계신 내 아버지께서 이루어 주실 것이다.
두 사람이나 세 사람이라도

내 이름으로 모인 곳에는 나도 함께 있기 때문이다."(마태 18,19-20)

이 땅은 아버지의 땅이다.
이 몸도 아버지의 땅이다.
이 마음도 아버지의 땅이다.

"내 이름으로 모인 곳에는 나도 함께 있다."

6월 26일 연중 제12주간 월요일
네 눈 속에 있는 들보
[마태 7,1-5]

깨어 있음은
억지抑止의 뿌리를 알아차리는 것,
관념의 근원을 바라보는 것,
나의 본원을 이해하는 데 있다.

사랑은
나 없음의 비움을 하늘의 뜻으로 굽어봄이며
나 있음의 관념을 하늘의 먼지로 되돌림이다.

사랑은
아버지의 이름으로 비움을 심는 것이다.
말씀의 빛으로 생명의 진리를 따름이다.

무엇이 태어났는가?

조상의 가문이 아니다.
명예와 부가 아니다.
관념의 지식이 아니다.

진정 태어난 것이 무엇인가?

"너는 어찌하여 형제의 눈 속에 있는 티는 보면서
네 눈 속에 있는 들보는 깨닫지 못하느냐?"(마태 7,3)

아버지 자비밖에 없다.
아버지 사랑밖에 없다.

6월 27일 연중 제12주간 화요일

생명으로 이끄는 문
[마태 7,6.12-14]

많은 이들은 생명을 갖고 있다고 말한다.
많은 이들은 생명을 잃어버릴까 두려워한다.

진정 생명이 무엇인지 모르고 있다.
진정 '나'가 무엇인지 모르고 산다.

나에 의해 움직이는 것이 있다고 여기는가?
나에 의해 해가 떠오르던가?
나에 의해 꽃이 피던가?
나에 의해 세포 하나하나가 움직이던가?

나로 여기는 것들과
나로 알고 있는 관념을
거짓으로 바라볼 줄 알 때
생명의 문은 늘 그 자리에 있음을 본다.
생명의 문이 바로 나임을 안다.

송두리째 하늘의 움직임이다.
몽땅 생명의 일이다.
그래서 자비다.

그래서 진리다.

"생명으로
이끄는 문은 얼마나 좁고 또 그 길은 얼마나 비좁은지
그리로 찾아드는 이들이 적다."(마태 7,14)

생명은
텅 빈 하늘의 무지개처럼
하늘을 알린다.
하늘을 보인다.

생명은
하늘의 문이다.
하늘의 숨이다.

생명
그대로 자연이며 모든 현상계다.
생명
그대로 자비며 그대로 나다.

왜?
생명 밖의 세상을 그토록 갈구하는가?
생명 밖의 세상은 있지 않다.

참진리의 생명에
참자비의 생명에

온 믿음으로 머물러야 한다.
모든 감사로 함께해야 한다.

6월 28일 성 이레네오 주교 기념일
좋은 열매를 맺지 않는 나무
[마태 7,15-20]

생명은
모든 것을 바라보게 하고
모두를 사랑하게 한다.

생명은
모두를 전체 진리 안에 머물게 하고
모두를 제자리에 있게 한다.

생명은
하늘의 진리를 명상하게 하고
하늘의 마음으로 함께한다.

하늘의 생명은
좋은 나무다.
스스로 좋은 열매를 내어놓는다.

관념의 지식은
나쁜 나무다.
설득과 강요로 지식의 열매를 먹도록 한다.
선과 악을 알게 하는 나쁜 열매다.

"좋은 열매를 맺지 않는 나무는 모두 잘려 불에 던져진다."(마태 7,19)

있음 그대로는 좋은 나무인데
있음 그대로의 좋은 나무를 보려 하지 않음이 나쁜 열매다.

6월 29일 연중 제12주간 목요일

하늘에 계신 내 아버지께서
그것을 너에게
[마태 16,13-19]

하늘은 어디에 있는가?
…
그렇다.
나다.

나 밖에 하늘이 있는 것이 아니다.

하늘을 어디서 보는가?
…
그렇다.
나다.

나 밖에 공간이 있는 것이 아니다.

하늘은 어디에 머무는가?
…
그렇다.
나다.

나 밖에 하늘은 있지 않다.

"시몬 바르요나야, 너는 행복하다!
살과 피가 아니라
하늘에 계신 내 아버지께서
그것을 너에게
알려 주셨기 때문이다."(마태 16,17)

6월 30일 연중 제12주간 금요일
내가 하고자 하니 깨끗하게 되어라
[마태 8,1-4]

몸은
하늘의 땅이며
자비의 집이다.

몸은
나의 처지도
나의 상태도
나의 모습도 아니다.

몸은
하늘에 속하며
하늘의 길을 갈 뿐이다.

몸은
근심덩어리도
고통덩어리도
애욕의 덩어리도 아니다.

몸은
몸을 통해

천체天體의 몸을 알게 한다.

몸은
자비의 숨으로
자비의 진리를 열어 보인다.

예수님께서 손을 내밀어 그에게 대시며 말씀하셨다.
"내가 하고자 하니 깨끗하게 되어라."
그러자 곧 그의 나병이 깨끗이 나았다.(마태 8,3)

나의 것은 본디 없다.
나의 병도 본디 없다.

모두가
자비에 속한다.
모두가
자비의 길을 따른다.

7월 2일 연중 제13주일

시원한 물 한 잔이라도 마시게 하는 이
[마태 10,37-42]

하느님은
나의 행위를 눈여겨보는 하느님이 아니다.
하느님은
나의 행위가 곧 아버지의 일임을 깨닫게 해 주는 하느님이다.

진리의 영은
바라봄과 들음과 말함이 아버지의 이름으로 깨어 있게 한다.
아버지의 이름으로 행하는 모든 행위에 함께한다.

관념을 주앙할 때
지식을 탐닉할 때
나는 나를 잃어버린다.
아버지의 이름을 저버렸기 때문이다.

나만의 세상, 관념의 이미지에 절하지 말라.

"아버지나 어머니를 나보다 더 사랑하는 사람은 나에게 합당하지 않다.
아들이나 딸을 나보다 더 사랑하는 사람도 나에게 합당하지 않다.
또 제 십자가를 지고 나를 따르지 않는 사람도 나에게 합당하지 않다."

(마태 10,37-38)

"내가 진실로 너희에게 말한다.
이 작은 이들 가운데 한 사람에게
그가 제자라서 시원한 물 한 잔이라도 마시게 하는 이는
자기가 받을 상을 결코 잃지 않을 것이다."(마태 10,42)

"시원한 물 한 잔이라도 마시게 하는 이"

사랑은
말과 관념에 있지 않다.
사랑은
시원한 물 한 잔에 있다.

7월 3일 성 토마스 사도 축일

네 손을 뻗어 내 옆구리에 넣어 보아라
[요한 20,24-29]

'나 있음'의 존재감과
'자비 있음'의 현존은 하나로 실재한다.

'나 있음'은 그대로 비움이며
'자비 있음'의 숨(生命)을 아는 '그것'으로 실재한다.

나 있음은
텅 빈 공간과 같다.
밝음과 어둠을 담아 줄 뿐
밝음도 어둠도 아닌 넝 빔이나.
생生과 사死에 영향을 받지 않는다.
이름과 모습에 전혀 무관하다.

나 있음은
그대로
자비 있음이다.

나 있음은
그대로
빛 있음이다.

"네 손가락을 여기 대 보고 내 손을 보아라.
네 손을 뻗어 내 옆구리에 넣어 보아라.
그리고 의심을 버리고 믿어라." (요한 20,27)

네 손과
내 옆구리
모두
자비 있음이다.

7월 4일 연중 제13주간 화요일
바람과 호수까지 복종하는가?
[마태 8,23-27]

자신의 능력과 지식에 의지할 땐
바람과 호수도
타고 있는 배도
덩달아
기세를 부린다.

자신의 힘과 관념을 버릴 땐
바람과 호수도
타고 있는 배도
덩달아
잠잠해진다.

무엇에 잠듦인가!
무엇에 눈뜸인가!

말없이
맘 없이
존재할 때
하늘의 배에 오른다.
바람과 호수도 복종한다.

"이분이 어떤 분이시기에 바람과 호수까지 복종하는가?"(마태 8,27)

7월 5일 연중 제13주간 수요일

놓아기르는 많은 돼지 떼
[마태 8,28-34]

'마귀 들린 사람'과 '놓아기르는 많은 돼지 떼'는
뗄 수 없는 관계다.

목자는
양들 곁을 떠난 적이 없으나
버려진 채 놓아길러진 돼지 떼는
목자의 손길을 느낀 적이 없다.

마귀들이 예수님께
"저희를 쫓아내시려거든 저 돼지 속으로나 들여보내 주십시오"
하고 청하였다. (마태 8,31)

마귀의 특성은
스스로 집을 지어 살지 못한다.
스스로의 실체가 없기 때문이다.
그래서
자기만의 집을 지어 살겠다는 사람의 마음에 들어가
그 사람으로 하여금 자신의 집을 짓게 만든다.

"돼지를 치던 이들이 달아나 그 고을에 가서는

이 모든 일과 마귀 들렸던 이들의 일을 알렸다.
그러자 온 고을 주민들이 예수님을 만나러 나왔다.
그들은 그분을 보고 저희 고장에서 떠나가 주십사고 청하였다."(마태 8,33-34)

'돼지를 치던 이들이 달아나'(33절)
'그들에게서 멀리 떨어진 곳에 놓아기르는 많은 돼지 떼'(30절)

조용히 눈을 감아 본다.

아버지의 자비와 말씀에서
너무 멀리 떨어진 곳에 버려진 나를 본다.

환영의 엉겅퀴로 문과 지붕이 없는 집을 짓고
선과 악의 열매로 취해 있는 나를 본다.

아버지 앞에 서 있으면서도
아버지를 따른다 하면서도
나의 지식과 나의 힘에 마음이 뺏겨 있는 나를 본다.

돼지를 치던 이들은 왜 달아났는가!(33절)
그들과 멀리 떨어진 곳에 놓아기른 돼지 떼들은(30절)
왜 모두 호수를 향해 비탈을 내리달아 물속에 빠져 죽었는가!(32절)

어둠은 빛을 숨길 수 없다.
빛은 나의 것들을 자랑케 하는 등잔불이 아니다.
빛은 빛만이 실재함을 밝힐 뿐이다.

7월 6일 연중 제13주간 목요일
그는 일어나 집으로 갔다
[마태 9,1-8]

"예수님께서는 배에 오르시어 호수를 건너
당신께서 사시는 고을로 가셨다."(마태 9,1)

"일어나 네 평상을 가지고 집으로 돌아가거라."
그러자 그는 일어나 집으로 갔다.(마태 9,6)

'당신께서 사시는 고을로 가셨다'와
'그는 일어나 집으로 갔다'

말씀의 행보와 말씀의 이끄심은
결국
말씀의 본향으로 돌아가게 한다.

'나가 무엇인가'와
'나의 본향은 어디인가'는
하나다.

'나가 무엇인가'는
나가 있어 나를 물음이 아니다.

'나가 무엇인가'는
묻는 그것이 곧
하늘 생명이며 하늘 자비임을 아는 그것이다.

예수님께서 그들의 믿음을 보시고 중풍 병자에게 말씀하셨다.
"애야, 용기를 내어라. 너는 죄를 용서받았다."(마태 9,2)

나가 있어 나를 고침이 아니다.
믿음에 눈뜨 자비에 듦이다.

"너는 죄를 용서받았다."

나의 본향을 알지 못함이 죄다.
나의 본향에 믿음을 두지 않음이 죄다.

"너는 나로 있다."

7월 7일 연중 제13주간 금요일

세관에 앉아 있는 것을 보시고
[마태 9,9-13]

어디에 앉아 있는가?
어디에 존재하는가?

무엇을 바라보는가?
무엇이 태어났는가?

물음은 어디서 온 것인가?
묻는 그것은 무엇인가?

하늘은 하늘을 모르고
바다는 바다를 찾지 않는다.

있는 그대로 그것이다.
아는 그대로 그것이다.
보는 그대로 그것이다.

예수님께서 길을 가시다가
마태오라는 사람이 세관에 앉아 있는 것을 보시고 말씀하셨다.
"나를 따라라."
그러자 마태오는 일어나 그분을 따랐다.(마태 9,9)

나는 나에게서 눈을 뗄 때
님이 보인다.
님이 나임을 안다.

"나를 따라라."

7월 9일 연중 제14주일

내 멍에를 메고 나에게 배워라
[마태 11,25-30]

아버지가 얹어 준 멍에는
죽은 문자의 지식이 아니라
살아 있는 생명의 진리다.

아버지가 얹어 준 멍에는
자물통을 여는 열쇠의 뭉치가 아니라
'지금 여기' 자비에 눈뜸이다.

아버지가 얹어 준 멍에는
자비의 말씀이 얹어 심이나.
텅 빈 비움의 진리를 보여 주심이다.

나 밖에서 율법의 계명을 구함이 아니다.
살아 있는 말씀의 자비에 머무름이다.
아버지의 이름에 구원이 있다.

"나는 마음이 온유하고 겸손하니 내 멍에를 메고 나에게 배워라.
그러면 너희가 안식을 얻을 것이다."(마태 11,29)

생명의 진리는 온유와 겸손으로 드러난다.

자비의 생명도 온유와 겸손 속에 있다.
아버지를 따름은 온유와 겸손을 드림이다.

아버지가 얹어 준 멍에는 진정 온유와 겸손이다.
온유와 겸손이 아버지께 올리는 찬미와 감사이다.

7월 10일 연중 제14주간 월요일

저 소녀는 죽은 것이 아니라 자고 있다
[마태 9,18-26]

죽은 모습
자는 모습

돌아오지 못할 모습
돌아올 수 있는 모습

살아 있으면서도 마음이 죽은 사람
죽어 가면서도 마음이 살아 있는 사람

살아 있는 사람이
살아 있는 사람에게 해야 할 일과
죽어 가는 사람에게 해야 할 일은
같은 하나다.
자비다.

자비는 영원하다.
자비의 진리는 영원한 생명이다.

"물러들 가거라. 저 소녀는 죽은 것이 아니라 자고 있다."
예수님께서 안으로 들어가시어 소녀의 손을 잡으셨다.

그러자 소녀가 일어났다.(마태 9,24.25)

삶과 죽음은 사람의 생각 안에 있지 않다.
진리의 생명과 자비의 말씀은 아버지의 이름에 있다.

자비의 숨, 말씀의 자비가 사람을 있게 한다.

7월 11일 성 베네딕도 아빠스 기념일
예수님께 데려왔다
[마태 9,32-38]

나라고 말하지만
나를 알고 있는 사람은 없다.
나는 나에 관여한 적이 없기 때문이다.

유혹은
내가 나에게 힘을 행사할 수 있다고 믿게 하는 것이고
내가 남에게 힘을 행사할 수 있다고 믿는 것이다.

소위 마귀 들림이 아니고 무엇이랴!

나는
자비 있음을 아는 그것이다.
나는
나 없음을 아는 그것이다.

"사람들이 마귀 들려 말 못 하는 사람 하나를 예수님께 데려왔다."(마태 9,32)

생명의 진리인 말씀의 빛은
모두에게 생명이다.
모두에게 자비이다.

모두에게 빛이다.

마귀 들려 말 못 하는 사람에게도
길을 잃어 좁은 문을 찾지 못하는 사람에게도
예수께서는 당신을 내어 주신다.

7월 12일 연중 제14주간 수요일

이스라엘 집안의 길 잃은 양들에게 가라
[마태 10,1-7]

지식의 관념에 휘말릴 때 길을 잃는다.
들리는 소리에 나를 실어 보낼 때 길을 잃는다.
눈 밖과 눈 안, 나 안과 나 밖을 구분 지을 때 길을 잃는다.

사랑은
분별하는 마음의 소리들을 그저 소리로 흘려보냄에 있다.
명상은
분별하는 마음의 지식을 그저 붙듦 없이 바라봄이다.

무아無我는
님의 비움을 바라봄이다.
님의 아멘을 따름이다.

나를 좇을 때 길을 잃는다.
나의 길이라 여길 때 길을 잃는다.
나의 존재감에 빠져들 때 길을 잃는다.

아버지의 이름이 길이다.
자비에 머무름이 길이다.
텅 빈 가난의 마음이 길이다.

예수님께서 이 열두 사람을 보내시며 이렇게 분부하셨다.
"다른 민족들에게 가는 길로 가지 말고,
사마리아인들의 고을에도 들어가지 마라.
이스라엘 집안의 길 잃은 양들에게 가라.
가서 '하늘나라가 가까이 왔다' 하고 선포하여라."(마태 10,5-6)

하늘나라는
살아 계신 아버지의 말씀과 진리의 영
그리고
아버지 아드님 그리스도의 이름에 있다.

"'하늘나라가 가까이 왔다' 하고 선포하여라."

7월 13일 연중 제14주간 목요일

발의 먼지를 털어 버려라
[마태 10,7-15]

자비 있음과 나 있음을 둘로 여김에서 모든 분별이 파생한다.
실로
자비만 있다.

자비의 움직임을
나로
나의 것으로
동일시하지 말아야 한다.

자비의 움직임은 그대로 자비의 빛이다.
자비의 빛은 그대로 자비의 움직임이다.

나 있음의 특성은 분별이다.
분별이 아욕我慾이다.

일거수일투족이 자비의 움직임이다.
하늘나라는 멀리 있지 않다.
일거수일투족에 있다.
자비에 마음을 모을 때
마음이 자비임을 안다.

"누구든지 너희를 받아들이지 않고 너희 말도 듣지 않거든
그 집이나 그 고을을 떠날 때에 너희 발의 먼지를 털어 버려라."(마태 10,14)

어떤 경우에도 분별을 일으켜선 안 된다. 사욕私慾이다.
아욕我慾을 털어 내야 한다.
있음 자체가 아버지 자비다.

7월 14일 연중 제14주간 금요일

나는 너희를 보낸다
[마태 10,16-23]

아버지의 자비
그리스도의 지체
말씀의 종
표현만 다를 뿐 같다.

생명이 담긴 생명체가 나의 지체이고
하늘땅의 모든 만물이 나의 몸이며
저절로 움직이는 들숨과 날숨이
전체의 생명을 나의 있음으로 깨닫게 한다.

전체 진리에서 보면
개별적인 개인의 나는 없다.
보이는 바 모두의 있음이
전체 생명에 하나로 머물게 한다.
그렇다.
아버지의 자비다.

"나는 이제 양들을 이리 떼 가운데로 보내는 것처럼 너희를 보낸다."
(마태 10,16)

하늘의 뜻으로 나를 바라볼 때
하늘의 생명으로 나를 바라볼 때
나는 그대로 하늘의 뜻이 된다.
나는 그대로 하늘의 생명이 된다.

이리 떼 가운데로 가는 것이 아니다.
지금 여기
영원한 자비에 깨어 있을 뿐이다.

7월 16일 연중 제15주일
집에서 나와 호숫가에 앉으셨다
[마태 13,1-23]

마음의 유일한 자산은 마음이다.
생명의 유일한 자산은 생명이다.
자연의 유일한 자산은 자연이다.
결국
나의 유일한 자산도 다름 아닌 나다.

도道 밖에 도道가 없고
마음 밖에 마음이 없고
나 밖에 나가 없다.
모두
한 진리다.

어디에서
나를 구하고자 하는가!
어디에서
도道를 얻고자 하는가!
어디에서
마음을 찾고자 하는가!

나는 나를 잃어버릴 수 없고

마음은 마음을 잃어버릴 수 없고
도道는 도道를 저버릴 수 없다.

가는 발길에
머무는 앉음에
말하는 소리에

도道가 있다.
마음이 있다.
나가 있다.

빛은 빛으로 빛을 깨닫게 한다.
자비는 자비로 자비를 보게 한다.
마음은 마음으로 마음을 깨우게 한다.

자비다.
진리다.
복음이다.

"예수님께서는 집에서 나와 호숫가에 앉으셨다." (마태 13,1)

집이든
호숫가든

나옴이든
앉음이든

자비밖에 없다.
자비밖에 없다.

7월 17일 연중 제15주간 월요일

복음을 선포하시려고 그곳에서 떠나가셨다
[마태 10,34—11,1]

그곳

모두의 마음에는
그곳이 있다.

되돌아보고 싶지 않은 그곳
찾아가고 싶지 않은 그곳

떠나고 싶은 그곳
지우고 싶은 그곳이다.

모두의 마음에는
또 다른
그곳이 있다.

나에게 나를 있게 한 그곳
빛으로 나를 보게 한 그곳

그곳을 있게 한 마음이다.

그곳마저 떠나게 한 마음이다.

"예수님께서 열두 제자에게 다 지시하시고 나서,
유다인들의 여러 고을에서 가르치시고
복음을 선포하시려고 그곳에서 떠나가셨다."(마태 11,1)

7월 18일 연중 제15주간 화요일

네가 하늘까지 오를 성싶으냐?
[마태 11,20-24]

아침에 해가 떠오르듯
눈 뜸이 나 있음을 알게 한다.

해 있음으로 만물이 숨 쉬듯
나 있음으로 만물이 일한다.

해 있음도
나 있음도
지적知的 지식의 대상이 될 수 없다.
지적 알음알이로 말해질 수 없다.

해 있음이 절대적이듯
나 있음도 전체적이다.

진정
해 있음과 나 있음은
사유의 지식이 될 수 없다.

오히려
만사가

해 있음의 일이며 나 있음의 일이다.

사랑해야 한다.
오직
하늘의 뜻으로 돌려야 한다.

"너 카파르나움아,
네가 하늘까지 오를 성싶으냐?
저승까지 떨어질 것이다."(마태 11,23)

나 있음은 지식의 영역에 속하지 않는다.
지식이 나 있음을 안내할 수 없다.

진정
깨어나야 한다.

진정
회개해야 한다.

7월 19일 연중 제15주간 수요일

아버지 외에는
아무도 아들을 알지 못한다
[마태 11,25-27]

나는 언제 나의 존재를 알게 되었는가?
무엇이 나에게 나 있음이라는 무한한 공간을 던져 준 것인가?

그대로 나인데
그대로 무無인데

그냥 그것밖에 없는데
그냥 그것의 일일 뿐인데

"나의 아버지께서는 모든 것을 나에게 넘겨주셨다.
그래서
아버지 외에는 아무도 아들을 알지 못한다."(마태 11,27)

꽃잎은
바람을 상상해 본다.

어떤 눈을 가졌길래
나의 꽃잎에 소리 없이 다가왔을까!

어떤 손을 가졌길래
나의 꽃잎을 소리 없이 따 갈까나!

꽃잎은
꽃잎을 다 떨구고 나서야 깨달았다.

나의 꽃잎이
나의 바람이었음을.

7월 20일 연중 제15주간 목요일

내 짐은 가볍다
[마태 11,28-30]

요즘 세태는 종교와 인문학의 경계가 모호하다.
오히려 인문학적 차원에서 종교를 이해하고 종교를 설명하고 있다.
신앙의 특성과 전례의 의미마저 인문학의 관점에서 분석되고 있다.

종교의 신비 자체는 종교 내의 이념에 속할 뿐
인문학적 관점에선 평가 자체를 꺼려하며 특별한 의미를 두지 않는다.

종교에 대한 냉담冷淡의 현실은 다름 아닌 경계의 무너짐이다.

종교에 속해서만 나를 알아 가고
종교를 통해서만 나를 구원할 수 있다는 믿음의 가치는
점점 무너지고 있다.
내적 위안과 내적 추구의 방향이 점점 크게 바뀌고 있다.

종교의 이름으로 접근하는 선교,
종교의 이름으로 단정 짓는 단죄의 교리들은
점점 생명력을 잃어 가고 있는데도
그러한 중독에서 벗어나지 못하는 이는 종교 지도자들이다.

종교 지도자들은 무엇을 지키고자 하는가?

그리스도의 살아 있는 말씀에 진정 머물고 있는가?
그리스도의 살아 있는 말씀으로 복음을 선포하고 있는가?
그리스도는 어디에 머물고 계시는가?

"나는 마음이 온유하고 겸손하니 내 멍에를 메고 나에게 배워라.
그러면 너희가 안식을 얻을 것이다.
정녕 내 멍에는 편하고 내 짐은 가볍다."(마태 11,29-30)

종교가 신자 수, 신도 수에 매달리고 있다면
그것은 종교가 아니다.
오직
그분의 멍에를 메고 그분을 배움이 종교다.
나 존재 자체가 아버지의 집이다.

"정녕 내 멍에는 편하고 내 짐은 가볍다."

7월 21일 연중 제15주간 금요일

성전보다 더 큰 이가 여기에 있다
[마태 12,1-8]

생명의 씨알
생명의 흙
생명의 빛

생명의 잎
생명의 꽃
생명의 열매

마음의 가난
마음의 평화
마음의 고독

마음의 갈등
마음의 분노
마음의 망상

온 자리가 어딘지 알겠는가!
돌아갈 자리가 어딘지 알겠는가!

생명은 그대로다.

마음도 그대로다.

생명의 사람이듯
마음의 사람일 뿐이다.

생명밖에 그 무엇도 있지 않다.
마음밖에 그 무엇도 있지 않다.

"내가 너희에게 말한다.
성전보다 더 큰 이가 여기에 있다." (마태 12,6)

사람보다 앞선 성전도 없으며
마음보다 앞선 깨달음도 없으며
자비보다 앞선 분별의 지식도 없다.

"성전보다 더 큰 이가 여기에 있다."

7월 23일 연중 제16주일

그것을 가져다가 자기 밭에 뿌렸다
[마태 13,24-43]

자비의 생명으로 현존한다는 것은
'나'가 없는 가난한 마음이다.
겨자씨의 마음이다.
하느님의 나라다.

자비의 생명으로 실재한다는 것은
과거, 미래, 현재라는 인성人性에 마음을 두지 않는다.
'지금 여기' 깨어 있음밖에 없다.
겨자씨의 마음이다.
하느님의 나라다.

'그것'을 추구할 때다.
하느님 나라다.
'그것'에 머물 때다.
하느님 나라다.

'그것'으로 자비의 나를 알 때다.
겨자씨의 마음이다.

"하늘나라는 겨자씨와 같다.

어떤 사람이 그것을 가져다가 자기 밭에 뿌렸다.
겨자씨는 어떤 씨앗보다도 작지만,
자라면 어떤 풀보다도 커져 나무가 되고
하늘의 새들이 와서 그 가지에 깃들인다."(마태 13,31-32)

풀과 나무는 다르다.

하늘의 새는 풀에 앉지 않는다.
하늘의 새는 나무에 둥지를 튼다.

하느님 나라는
사람의 지식 안에 있지 않다.

7월 24일 연중 제16주간 월요일

사람의 아들도
사흘 밤낮을 땅속에 있을 것이다
[마태 12,38-42]

몸을 포기하는 것
흙의 먼지로 되돌리는 것
하늘의 뜻으로 실재하는 것
회개의 길이다.

몸은 몸을 넘어설 수 없고
세상은 세상을 넘어설 수 없다.

몸의 날을 기다리는 기대
세상의 표징을 구하는 기대
결코 다르지 않다.

"요나가 사흘 밤낮을 큰 물고기 배 속에 있었던 것처럼
사람의 아들도 사흘 밤낮을 땅속에 있을 것이다."(마태 12,40)

세상은 큰 물고기 배 속과 같다.
살아 있다고 우쭐대나 큰 물고기 입에 삼켜진 것과 같다.

나의 본향은 어디인가?

영원한 생명은 어디에 있는가?

큰 물고기 배 속이 꿈의 표징임을 알았다면
사흘 밤낮 땅속이 삶의 표징임을 깨달았다면
진정
회개해야 한다.

하늘과 땅을 내신 아버지께만
영원한 생명과 구원이 있다.

7월 25일 성 야고보 사도 축일

몸값
[마태 20,20-28]

본디
하늘이 내린 몸값은
말씀의 진리를 따라야 하는 비움의 값이며
하늘의 뜻에 깨어 있어야 하는 기도의 값인데…

아버지께서
아버지의 목숨으로 건져 올린
아버지의 몸값이 되었네.
아버지의 몸이 되었네.

실로
몸값에 주목해야 한다.

하루하루
하늘이
내려 주고
보여 주고
먹여 주는 몸값에 대해
그냥 지나쳐선 안 된다.

어떤 몸값인데…
어떤 자비인데…

"많은 이들의 몸값으로 자기 목숨을 바치러 왔다."(마태 20,28)

7월 26일 성 요아킴·성녀 안나 기념일

많은 것을 비유로 말씀해 주셨다
[마태 13,1-9]

말씀은
텅 빈 깨어 있음이
하늘의 들음임을 깨닫게 한다.

말씀은
말씀에 머물게 한다.
말씀으로 있게 한다.

태초의 말씀은
빛 이전의 말씀은
지금 여기
온전穩全 그대로
살아 있는 생명이시며 자비이시다.

알 수 없는 생명이
빛으로 드러난 꽃 주머니처럼
볼 수 없는 말씀은
나 있음에
비움으로 머물며
비움으로 움직이신다.

"예수님께서는 배에 올라앉으시고
군중은 물가에 그대로 서 있었다.
예수님께서 그들에게 많은 것을 비유로 말씀해 주셨다." (마태 13,2-3)

빈 배에 오르심을 보여 주신 아버지
그런데도
물가에 그대로 서 있는 군중들

예수님께서 그들에게
많은 것을 비유로 말씀해 주셨다.

7월 27일 연중 제16주간 목요일

너희의 눈은 볼 수 있으니 행복하다
[마태 13,10-17]

눈으로 본다 하여
눈앞의 풍경을 눈의 풍경이라 말하지 않는다.

귀로 듣는다 하여
소리의 들음을 귀의 소리라 말하지 않는다.

눈과 귀
모두
마음의 파수꾼이 아니던가!
하늘의 일꾼이 아니던가!

눈과 귀는 지식의 창구가 아니다.

본다는 것은
자비만이 실재함을 아는 것이다.
듣는다는 것은
자비만이 실재함을 깨닫는 것이다.

말씀은 눈에게 진실을 보게 한다.
말씀은 귀에게 진실을 듣게 한다.

"너희의 눈은 볼 수 있으니 행복하고
너희의 귀는 들을 수 있으니 행복하다."(마태 13,16)

행복은
자비를 봄이다.

행복은
자비를 들음이다.

7월 28일 연중 제16주간 금요일

말씀을 듣고 깨닫는다
[마태 13,18-23]

말씀은
아버지의 이름으로 듣는다.
말씀은
아버지의 자비로 깨닫는다.

듣고
깨닫는
모두가
말씀의 일이다.

이웃의 고통을 듣는다고 말하지만
말씀의 일을 보는 것이다.
말씀의 길을 깨닫는 것이다.

듣고 깨달음은
나 자신의 깨우침과는 거리가 멀다.
듣고 깨달음은
말씀의 행위이며
말씀 안에 함께하는 믿음이다.

"좋은 땅에 뿌려진 씨는 이러한 사람이다.
그는 말씀을 듣고 깨닫는다.
그런 사람은 열매를 맺는데
어떤 사람은 백 배,
어떤 사람은 예순 배,
어떤 사람은 서른 배를 낸다."(마태 13,23)

말씀을 듣고 깨달음은
말씀의 꽃을 보고
말씀의 열매를 먹음이다.

"그는 말씀을 듣고 깨닫는다."

7월 30일 연중 제17주일

자기 곳간
[마태 13,44-52]

기쁘다고 말하지만
행복하다고 말하지만
기쁨과 행복이라는 실제實際가 따로 있지는 않다.

슬프다고 말하지만
고통스럽다고 말하지만
슬픔과 고통의 실제가 어딘가 숨어 있는 것이 아니다.

기쁨을 내는 것도 마음(의식)이고
슬픔을 거두는 것도 마음(의식)이다.

모두가 무無임을 깨닫게 함도 마음이며
모두를 자비로 돌려놓음도 마음이다.

실로
마음이 자기 곳간이다.

나 있음의 실재實在이며 전부인 마음이 없다면
세상도
나라 여기는 것도

빛도
바람도
모두 경험할 수 없다.

깨어 있다 함은 무엇인가?
마음밖에 그 무엇도 있을 수 없음을 아는 그것이다.
자비밖에 그 무엇도 있을 수 없음을 아는 그것이다.

하늘이 내린 마음은
그대로 하늘나라며
하늘의 곳간이고
자기 곳간이다.

예수님께서 그들에게 이르셨다.
"그러므로 하늘나라의 제자가 된 모든 율법 학자는
자기 곳간에서 새것도 꺼내고 옛것도 꺼내는 집주인과 같다." (마태 13,52)

자기 곳간에 무엇을 쌓아 두려고 하는가!
자기 곳간이 하늘 곳간임을 왜 의심하는가!

7월 31일 성 이냐시오 사제 기념일

세상 창조 때부터 숨겨진 것을 드러내리라
[마태 13,31-35]

산을 오른다 하여
산을 갖는 것도 아니고
산에서 내려온다 하여
산과 떠나는 것도 아니다.

분리될 수 없는 그것
나누일 수 없는 그것
세상 창조 때부터 있어 온 그것이다.

알지 못해도 떠난 적이 없고
부족해도 밀어낸 적이 없고
깨닫지 못했어도 외면한 적이 없는 그것
세상창조 때부터 숨겨진 그것이다.

왜들 모를까?
왜 알려 하지 않을까?

숨겨진 그것이 나를 있게 하고
숨겨진 그것이 만물을 이루고 있음을.

눈을 감아도 그것
눈을 떠도 그것

그것이 눈을 감게 하고
그것이 눈을 뜨게 하는데
왜들 모를까!

"나는 입을 열어 비유로 말하리라.
세상 창조 때부터 숨겨진 것을 드러내리라"
하신 말씀이 이루어지려고 그리된 것이다. (마태 13,35)

세상 창조 때부터 숨겨진 것
세상 창조 때부터 함께해 온 것

아버지!

아버지를 부르는 제 입술에
아버지를 부르는 제 마음에
아버지의 자비 영원하옵니다.

찬미와 영광 받으옵소서.

8월 1일 성 알폰소 주교 학자 기념일
군중을 떠나 집으로 가셨다
[마태 13,36-43]

초 심지를 태우는 촛불을 본다.
나를 바라봄과 다를 바 없다.

바라봄이 촛불이며
초 심지가 마음이며
초가 몸임을 본다.

너무나 극명하다.
너무나 단순하고 명백하다.

어디에서 깨달음을 찾고
어디에서 해방을 구하고 있는가!

함께 어울림을 아는 그것이 깨달음이고
결코 분리될 수 없음을 아는 그것이 해방이 아니던가!

촛불은
태양이 떠오르면 제자리로 가고
초가 다해도 제자리로 가며
바람이 불어도 제자리로 간다.

하늘빛만이 머문다.
하늘빛만이 바람을 일으킨다.
하늘빛만이 촛불을 타게 한다.

지금 여기가 빛이다.
지금 여기가 바람이다.
지금 여기가 촛불이다.

지금 여기가 영원한 자비다.
지금 여기가 절대의 자유다.

예수님께서 군중을 떠나 집으로 가셨다.
그러자 제자들이 그분께 다가와
"밭의 가라지 비유를 저희에게 설명해 주십시오" 하고 청하였다.
(마태 13,36)

"예수님께서 군중을 떠나 집으로 가셨다."

빛이 머물 때
촛불이 타고 있을 때

보아야 한다.
따라야 한다.
깨어 있어야 한다.

8월 2일 연중 제17주간 수요일

그것을 샀다
[마태 13,44-46]

뭔가 되고자 함을 멈출 때
지성의 지식을 내려놓을 때
값진 진주가 눈에 들어온다.
진리의 빛이 그것임을 안다.

마음이 그대로 그것임을 알 때
그토록 찾아온 진리의 빛이 나로 함께함을 알 때
세상과 나를 한 저울에 올려놓지 않는다.

그 무엇도 깨뜨릴 수 없는 그것
그 무엇도 삼킬 수 없는 그것

그것은
기쁨이며 지복至福이다.

"하늘나라는 좋은 진주를 찾는 상인과 같다.
그는 값진 진주를 하나 발견하자
가서 가진 것을 모두 처분하여 그것을 샀다." (마태 13,45)

그것은
나와 바꾸어야 한다.
그것은
나이기 때문이다.

하늘나라는
바로 나다.

8월 3일 연중 제17주간 목요일

다 말씀하시고 나서 그곳을 떠나셨다
[마태 13,47-53]

몸이 나를 알지 못하듯
마음도 나를 알지 못한다.

몸이 나가 아님을 알 때
몸은 그대로 하늘의 땅임을 안다.

마음이 나가 아님을 알 때
마음은 그대로 하늘의 하늘임을 안다.

몸은 나를 지켜 줄 나의 종이 아니다.
마음은 나를 달래 줄 나의 가무歌舞가 아니다.

나라는 것은 없다.
그냥
자비만 있다.

너라는 것은 없다.
그냥
자비만 있다.

"예수님께서는 이 비유들을 다 말씀하시고 나서 그곳을 떠나셨다."
(마태 13,53)

그것과 그곳
참으로 다르다.

그것은
그곳에 머물지 않는다.

그것은
그것을 떠난 적이 없다.

그곳은
결코
그것이 될 수 없다.

8월 4일 연중 제17주간 금요일

그들은 그분을 못마땅하게 여겼다
[마태 13,54-58]

지성을 즐기는 사람들
재산을 즐기는 사람들
이름을 즐기는 사람들
추억을 즐기는 사람들

정작
머물 그것과
정작
깨어 있음을 잊고 산다.

황소가 풀을 업신여길 수 없듯이
황새가 벌레를 업신여길 수 없듯이
사람은 사람을 업신여겨선 안 된다.
정작
모두를 잃고 만다.

"그들은 그분을 못마땅하게 여겼다."(마태 13,57)

업신여김과 못마땅하게 여김이 죄다.
업신여김과 못마땅하게 여김이 빛을 등진 어둠이다.

나는
본디
아버지의 발걸음이다.
아버지의 뜻이다.

8월 6일 연중 제18주일. 주님의 거룩한 변모 축일
너희는 그의 말을 들어라
[마태 17,1-9]

말씀을 듣는다는 것은
영원토록 함께하시는 말씀의 자비에 머묾이다.

말씀을 듣는다는 것은
나 있음의 존재 자체가 아버지 자비의 생명임을 봄이다.

말씀을 듣는다는 것은
말씀 아님이 없음을 깨달음이다.

말씀을 듣는다는 것은
텅 비고 가난한 마음이 하늘나라임을 앎이다.

들음은
아버지의 말씀 그대로의 들음이다.
그리스도의 비움 그대로의 들음이다.

아!
동녘의 해가
하늘의 무지개가
하늘의 생명을 보여 준다.

들녘의 흔들림과
파도의 출렁거림이
하늘의 생명을 보게 한다.

소낙비의 소리와
매미의 울음소리가
하늘의 생명을 듣게 한다.

들음은
전체 생명의 숨결이다.
들음은
하늘 자비의 노래다.

베드로가 말을 채 끝내기도 전에 빛나는 구름이 그들을 덮었다.
그리고 그 구름 속에서
"이는 내가 사랑하는 아들, 내 마음에 드는 아들이니
너희는 그의 말을 들어라" 하는 소리가 났다.(마태 17,5)

아버지의 말씀,
아버지의 자비가
모두를 있게 한다.
모두를 듣게 한다.

"너희는 그의 말을 들어라."

8월 7일 연중 제18주간 월요일

따로 외딴곳으로 물러가셨다
[마태 14,13-21]

생명의 숨보다
앞서는 것은 없다.

고통도 기쁨도
증오와 분노도
좌절과 절망도
숨의 의식(마음)을 앞설 순 없다.

관념의 지식
인지의 경험
모두
숨의 숨 쉼을 넘어갈 수 없다.

자비는
사유의 지식이
경험하는 내용이 아니다.

자비는
있는 바의 모두를 있게 하는 그것이다.
보는 바의 모두를 보게 하는 그것이다.

겪는 바의 모두를 겪게 하는 그것이다.

"세례자 요한의 죽음에 관한 소식을 들으신 예수님께서는
배를 타시고 따로 외딴곳으로 물러가셨다."(마태 14,13)

자비의 진리는
따로 외딴곳이다.

자비의 외딴곳은
마음의 물러남이다.

8월 8일 성 도미니코 사제 기념일

그것에 손을 댄 사람
[마태 14,22-36]

하늘에 손을 댐은
풀잎에 손을 댐과 같다.

바다에 손을 댐은
파도 소리에 귀 기울임과 같다.

자비에 손을 댐은
나 있음의 숨에서 무無를 봄과 같다.

그것에 손을 댐은
그것에 담긴 자비를 느낌과 같다.

"그 옷자락 술에 그들이 손이라도 대게 해 주십사고 청하였다.
과연 그것에 손을 댄 사람마다 구원을 받았다."(마태 14,36)

나뭇가지 끝에 달린 꽃잎은
이내
바람에 실려
나뭇가지 끝을 떠난다.

마음에
자비 나무 싹이 돋아난다.
손이 손을 되찾았다.
구원이다.

8월 9일 연중 제18주간 수요일

그 여자의 딸이 나았다
[마태 15,21-28]

이민족의 사람들
타 종교의 사람들

마음도 이민족일까!
마음도 타 종교일끼!

생명도 이민족일 수 있을까!
생명도 타 종교일 수 있을까!

사람이 사람에게 붙여 놓은 이름들
사람이 사람을 갈라놓은 이름들

작은 알갱이의 흙먼지는 생명을 실어 나르나
거대한 왕궁의 이름은 허공의 먼지도 앉지 않는다.

예수님께서 그 여자에게 말씀하셨다.
"아, 여인아!
네 믿음이 참으로 크구나.
네가 바라는 대로 될 것이다."
바로 그 시간에 그 여자의 딸이 나았다.(마태 15,28)

생명의 진리,
자비의 생명은
모두에게
하나다.

8월 10일 성 라우렌시오 부제 축일

밀알
[요한 12,24-26]

밀알 한 톨
지구 한 덩어리
다르다 말할 수 있겠는가?

크고 작음에 무관함이 생명이며
많고 적음에 영향받지 않음이 생명이다.

"밀알 하나가 땅에 떨어져
죽지 않으면 한 알 그대로 남고
죽으면 많은 열매를 맺는다." (요한 12,24)

죽지 않으면
죽음에 맡기지 않으면
의지와 관념의 행위를 비우지 않으면
전체 생명의 진리에 순응하지 않으면
생명의 진리와 비움이 둘 아님을 깨닫지 않으면
죽어도 죽지 않는 영원한 자비의 생명을 나로 알지 않으면

삶의 주체가 무엇이며
몸의 주재가 무엇이며

숨의 본뜻이 무엇인지 진지하게 보아야 한다.

씨알의 생명도
싹의 움틈도
피고 지는 꽃들의 향연도
모두
한 자비의 행위임을 보아야 한다.

8월 11일 성녀 클라라 기념일

사람의 아들이
자기 나라에 오는 것을 볼 사람
[마태 16,24-28]

'자기 나라'는
지고至高한 자비의 '아드님 나라'
말씀의 생명이 함께하는 '말씀의 나라'
말씀의 진리로 깨어나게 하는 '영의 나라'다.

사람의 아들이 자기 나라에 오심을 보는 사람,
사람의 아들이 자기 나라에 사심을 보는 사람,
사람의 아들이 자기 나라에 비움의 십자가로 함께함을 보는 사람은
태어난 본뜻을 이룬 사람이다.

사람에게 절대 유일한 진리의 길은
지금 여기
아버지 나라에 듦이다.

사람에게 절대 유일한 생명의 길은
지금 여기
아버지 나라를 봄이다.

"내가 진실로 너희에게 말한다.

여기에 서 있는 이들 가운데에는 죽기 전에
사람의 아들이 자기 나라에 오는 것을 볼 사람들이 더러 있다."(마태 16,28)

자기 나라는
아버지의 나라다.

눈 감으면 눈을 보게 하는
자비의 나라다.

8월 13일 연중 제19주일

호수 위를 걸으시어 그들 쪽으로 가셨다
[마태 14,22-31]

호수와 배
마음과 믿음
자비와 십자가

배는 호수 건너 생명의 땅을 밟게 한다.
믿음은 마음 너머 무無의 진리를 깨닫게 한다.
십자가는 나를 비워 자비에 들게 한다.

그런데
그런데
배도 빌리지 않고 호수 위를 걸으심은 무엇을 뜻하는 건가?

자비의 이름으로 죽음의 위를 걸으심인가!
십자가의 죽음으로 껴안을 자비의 길을 보이심인가!

용납할 수 없는 위선과 받아들일 수 없는 현실마저도
오직
자비의 이름으로 직접 걸으심인가!

배를 빌리지 않은 발걸음

제자들마저 떠나보낸 발걸음
'저녁때가 되었는데도 혼자 거기에 계시는'(마태 14,23) 발걸음
죽음의 생각에 머물지 않는 발걸음

"예수님께서는 새벽에 호수 위를 걸으시어 그들 쪽으로 가셨다."
(마태 14,25)

그러나
그러나
그분은
"그들 쪽으로 가셨다."

텅 빈 아멘의 믿음으로
당신을 따르라 하네.
호수 위를 걸으라 하네.

고통과 나를
십자가와 나를
죽음과 나를
삶과 나를
호수와 배를
둘로 보지 말라 하네.

자비의 이름으로
그저 묵묵히 걸으라 하네.

모든 발걸음 하나하나가
아버지의 발걸음임을 믿으라 하네.

8월 14일 성 막시밀리아노 콜베 사제 순교자 기념일

고기를 잡아 입을 열어 보아라
[마태 17,22-27]

물고기는 호수의 것인가?
아니면
물고기를 낚아 올린 사람의 것인가?

호수가 물고기에게 값을 매기던가?
아니면
물고기를 낚아 올린 사람이 매기던가?

하느님이 나에게 세금을 요구하던가?
하느님이 나에게 목숨을 요구하던가?

사람이 농사를 지으면 하늘에 감사하는 사람이 되어야 하고
사람이 성전을 지으면 하늘에 기도하는 사람이 되어야 하는데

사람이 농사를 지으면 곡물을 파는 사람이 되고
사람이 성전을 지으면 성전세를 받는 사람이 된다.

모두가
아버지 자비 안에 있는데 …
아버지 자비 아닌 것이 없는데 …

"우리가 그들의 비위를 건드릴 것은 없으니
호수에 가서 낚시를 던져
먼저 올라오는 고기를 잡아 입을 열어 보아라.
스타테르 한 닢을 발견할 것이다.
그것을 가져다가 나와 네 몫으로 그들에게 주어라."(마태 17,27)

돈은 어디에서 비롯된 것인가?
돈은 어디로 돌아가야 하는 것인가?

물고기의 목숨에서
자비의 숨결을 느껴야 한다.

물고기의 목숨에서
기도의 감사를 배워야 한다.

돈에서 생명체의 숨과 생명체의 피눈물을 느껴야 한다.
돈은 교만과 위선의 수단이 될 수 없다.

"고기를 잡아 입을 열어 보아라.
스타테르 한 닢을 발견할 것이다."

8월 15일 성모 승천 대축일
큰 소리로 외쳤다
[루카 1,39-56]

숨이 떠나는 순간 모든 현상계도 함께 사라진다.
그렇다면
숨이 보여 준 현상계가 아니던가!

몸을 잃는 순간 모든 관계의 몸들도 함께 저문다.
그렇다면
몸이 있어 관계의 몸들이 따라붙는 것이 아니던가!

나는 무엇인가?
무엇을 나로 알고 있는가?

살아 있다는 존재감을 혹시 나로 여기고 있는가?
나가 나를 두렵게 하는 것은 무엇인가?

마음에 나를 얹을 수 없다.
마음 그대로가 나다.

숨에 나를 실을 수 없다.
숨 그대로가 나다.

사랑에 나를 담을 수 없다.
사랑 그대로가 나다.

나가 있다고 해도 숨만이 있을 뿐이며
나가 없다고 해도 숨만이 있을 뿐이다.

나가 있다고 해도 마음만이 있을 뿐이며
나가 없다고 해도 마음만이 있을 뿐이다.

나가 있다고 해도 자비만이 있을 뿐이며
나가 없다고 해도 자비만이 있을 뿐이다.

무無다.
자비다.

큰 소리로 외쳤다.
"당신은 여인들 가운데에서 가장 복되시며
당신 태중의 아기도 복되십니다.
내 주님의 어머니께서 저에게 오시다니 어찌 된 일입니까?"(루카 1,42)

"내 주님의 어머니께서 저에게 오시다니 어찌 된 일입니까?"
"내 주님의 어머니께서 저에게 오시다니 어찌 된 일입니까?"

큰 소리로 외쳤다.
큰 소리로 외쳤다.

8월 16일 연중 제19주간 수요일

내 이름으로 모인 곳
[마태 18,15-20]

자연은
저절로 움트고
저절로 맺고
저절로 저무는
하늘의 길을 보인다.
하늘의 뜻을 보여 준다.

자연은
알 수 없음을 믿게 하고
볼 수 없음을 깨닫게 하고
말할 수 없음을 듣게 한다.

자연은
저절로 나타난 몸이 무엇이며
저절로 자리 잡은 마음이 무엇인지
풀잎을 통해
천둥과 바람을 통해 일깨운다.

아버지 이름에 들게 한다.
아버지 이름 안에 머물게 한다.

아버지 이름의 자비를 깨닫게 한다.

하나와 둘
둘과 셋
아버지 이름 안에선 하나다.
아버지 이름 안에선 한 생명이다.

"내가 또 진실로 너희에게 말한다.
너희 가운데 두 사람이 이 땅에서 마음을 모아 무엇이든 청하면,
하늘에 계신 내 아버지께서 이루어 주실 것이다.
두 사람이나 세 사람이라도 내 이름으로 모인 곳에는
나도 함께 있기 때문이다."(마태 18,19-20)

아버지 이름으로 모인 곳
아버지 이름으로 서 있는 곳

아버지 자비만이 계시옵니다.

8월 17일 연중 제19주간 목요일
제 형제가 저에게 죄를 지으면
[마태 18,21—19,1]

마음은
마음을 내신 아버지께로 향해야 한다.
그래야
마음이다.

마음을
'나라고 여기는 이'로 향하게 하면
그것이
죄다.

"제 형제가 저에게 죄를 지으면"(마태 18,21)

'나라고 여기는 이'의 시선은
지금 어디에 가 있는가!

아버지의 마음,
아버지의 자비로 향하지 않음이 죄다.

죄를 짓는 이는 누구인가?
'나라고 여기는 이'가 아니던가!

그때에 베드로가 예수님께 다가와
"주님, 제 형제가 저에게 죄를 지으면
몇 번이나 용서해 주어야 합니까?
일곱 번까지 해야 합니까?" 하고 물었다.

"제 형제가 저에게 죄를 지으면"

마음 안에
'나라고 여기는 이'가 던지는
가정 자체가
죄다.

주님!
제 형제가 저에게 죄를 지었다고
속단하고 간주하는 이는
마음 안에
'나라고 여기는 이'입니다.

주님의 마음은 오직 하나입니다.
주님의 자비도 오직 하나입니다.

자비에 머물지 않는 나는
나라 할 수 없습니다.
마음이라 할 수 없습니다.

주님!
자비를 베풀어 주십시오.
자비 안에 머물게 해 주십시오.

당신만이 살아 계심을
온 믿음으로 따르게 해 주십시오.

당신의 자비의 빛이
저의 마음이며
저의 나임을 믿습니다.

"내가 너에게 말한다.
일곱 번이 아니라 일흔일곱 번까지라도
용서해야 한다." (마태 18,22)

8월 18일 연중 제19주간 금요일

둘이 한 몸
[마태 19,3-12]

한 몸을 둘로 여길 때
한 몸을 둘로 나눌 때
한 몸을 둘로 바라볼 때

나와 너를 한 자비로 바라볼 때
나와 너를 한 자비로 묶을 때
나와 너를 한 자비로 되돌릴 때

한마음 안에 선과 악을 둘 때
한마음 안에 나와 너를 분별할 때
한마음 안에 천사와 귀신이 있다 여길 때

보아야 한다.
'나로 여기는 이'가 보는 세상은
'나로 여기는 이'의 세상이 될 수 없음을.

깨달아야 한다.
'나로 여기는 이'가 말하는 나는
'나로 여기는 이'의 나일 뿐
하늘의 한 자비를 담아낼 수 없음을.

"남자는 아버지와 어머니를 떠나 아내와 결합하여
둘이 한 몸이 될 것이다."(마태 19,5)

아버지와 어머니를 떠남은
'나로 여기는 나 자신'을 떠남이다.

아내와 결합함은
하느님의 창조 자비와 하나 됨이며
하늘의 진리로 나의 나를 봄이다.

"둘이 한 몸이 될 것이다."

둘이 둘을 잃어버리는
한 사랑이 될 것이다.

8월 20일 연중 제20주일

네가 바라는 대로 될 것이다
[마태 15,21-28]

나가 나의 길을 잃어버렸다는 것은
나가 나의 길을 외면함과 같다.

자비의 길이
나의 길이다.

사랑하며 살리는 길이
유일한
나의 길이다.

언제 어느 때고
텅 비움으로
자비에 머물러야 한다.
자비로 돌아가야 한다.

진정
자비의 길을 벗어날 수 없음이
나의 길이다.
절대 진리다.

절대 진리는
절대 믿음으로부터 드러난다.

명상은
하늘을 하늘로 담음이다.
자비의 마음에 자비의 생명을 흐르게 한다.

기도는
하늘을 하늘로 쏟아부음이다.
아멘으로 비움의 길을 따르게 한다.

나는
자비의 길을 잃어버릴 수 없다.
자비로부터 보내졌기 때문이다.

나는
나는
그대로
자비다.

"아, 여인아!
네 믿음이 참으로 크구나.
네가 바라는 대로 될 것이다."
바로 그 시간에 그 여자의 딸이 나았다.(마태 15,28)

'바로 그 시간'

자비가 나임을 아는
바로 그 시간이다.

믿음이 나의 진리임을 아는
바로 그 시간이다.

"여자의 딸이 나왔다."

믿음의 의혹이 떨어지는 순간이다.
세상의 이름과 모습으로 짜 맞춘 가면이
저절로 벗어지는 순간이다.

8월 21일 성 비오 10세 교황 기념일
완전한 사람
[마태 19,16-22]

밤하늘의 별들을 바라보면서 불완전하게 느끼는 사람은 없다.
매미의 울음소리를 들으면서 불완전하게 느끼는 사람은 없다.

사람만이 자신을 바라보면서 불완전하게 느낀다.
왜일까?

사람만이 자신을 바라보면서 우쭐댄다.
왜일까?

답을 모르는 사람도 없다.
길을 모르는 사람도 없다.
그런데 왜일까?

'나로 여기는 그것'
'나로 동일시하는 그것'을 포기하지 못함이다.

나는 버릴 수 있다 하면서
나의 그것들은 버릴 수 없다고 본다.
오히려 그것들이 나를 있게 한다고 맹신한다.

완전한 사람은
하늘의 뜻으로 존재하는 이다.
숨 쉼의 숨을 하늘의 생명으로 아는 이다.

완전한 사람은
이미, 나로 여기는 나의 것들로부터 자유로운 이다.

"네가 완전한 사람이 되려거든
가서 너의 재산을 팔아 가난한 이들에게 주어라.
그러면 네가 하늘에서 보물을 차지하게 될 것이다.
그리고 와서 나를 따라라."(마태 19,21)

재산을 판다는 것은
거짓된 동일시를 거짓되게 바라봄이다.

가난한 이들에게 준다는 것은
가진 그것들보다 더 소중한 그것은
하늘의 생명과 자비임을 안다.
이웃 사랑보다 더 존귀한 것은 있을 수 없음을 안 것이다.

8월 22일 동정 마리아 모후 기념일

부자
[마태 19,23-30]

나는 나가 어디에서 왔는지를 모른다.
나는 나가 어디로 돌아갈지를 모른다.

나라고 여기는 나마저
허무임을 본다.
관념의 한 지식임을 본다.

나는 나를 알 수 없다.
나는 나를 볼 수 없다.

바다를 담아낼 그릇이 없듯이
나를 담아낼 나의 것이란 없다.

그냥
그대로
있음이다.
자비다.
허무다.

그래서

모두가
나다.
자비다.
허무다.

나무에 옷을 만들어 입히면 나무는 죽는다.
나비에 옷을 입혀 날게 하면 나비는 죽는다.

나에게 나의 것들이라 여기는 것들을 쌓아 둔들
나는 나의 것들이라 여기는 것들을 전혀 알지 못한다.
나 자체는 나의 것들과 전혀 무관하다.

그냥
그대로
자비다.

그냥
그대로
하늘이다.

완벽한 전체며
완벽한 절대다.

"부자가 하느님 나라에 들어가는 것보다
낙타가 바늘구멍으로 빠져나가는 것이 더 쉽다." (마태 19,24)

눈아!
보이는 바 모두가 너다.

마음아!
보이는 바 모두가
네 숨소리에 귀 기울이고 있다.

8월 23일 연중 제20주간 수요일

하늘나라
[마태 20,1-16]

하늘나라는
복음의 진리를 외침이며
자비의 생명 길을 마련함이다.

하늘나라는
마음의 나라이며
마음의 보화를 보게 한다.

하늘나라는

눈 속에 나를
눈 앞에 나를

나 안에 나를
나 앞에 나를

나로 담아낸다.
나로 보여 준다.

"하늘나라는
자기 포도밭에서 일할 일꾼들을 사려고
이른 아침에 집을 나선 밭 임자와 같다." (마태 20,1)

나 없음을 깨달은 나라,
하늘나라다.

자기 포도밭과 일할 일꾼들을
둘로 여기지 않는 나라,
하늘나라다.

8월 24일 성 바르톨로메오 사도 축일

저를 어떻게 아십니까?
[요한 1,45-51]

하늘의 움직임과 하루의 움직임은 하나다.
하루의 움직임과 나의 움직임도 나누일 수 없다.

하늘의 움직임
나의 움직임
함께하며
하나다.

하늘은 그대로 나를 담는다.
나는 그대로 하늘을 담는다.

나 밖에 하늘
하늘 밖에 나
결코 따로일 수 없다.
믿음의 진리이며 진리의 믿음이다.

앉아서 눈을 감는다.
하늘의 앉음이며 하늘의 눈 감음이다.

앉아서 밥을 먹는다.

하늘의 움직임이며 하늘의 양식이다.

허리 굽혀 밭을 일군다.
하늘의 이끌림이며 하늘땅의 생명이다.

하늘 아닌 것이 없다.
자비 아닌 것이 없다.
그리고
나 아닌 것이 없다.

나타나엘이 예수님께
"저를 어떻게 아십니까?" 하고 물으니
예수님께서 그에게
"필립보가 너를 부르기 전에
네가 무화과나무 아래에 있는 것을 내가 보았다"
하고 대답하셨다.(요한 1,48)

"저를 어떻게 아십니까?"
"저는 어떻게 저를 압니까?"
"저는 어떻게 숨을 쉽니까?"

하늘의 구름처럼
하늘의 비처럼
하늘의 번개처럼

나도

나를
그처럼
바라보아야 한다.

"네가 무화과나무 아래에 있는 것을 내가 보았다."

8월 25일 연중 제20주간 금요일

네 이웃을 너 자신처럼
[마태 22,34-40]

바람에 흔들리는 나뭇잎
죽은 지렁이를 에워싼 개미들

선생님의 가르침에 귀 기울이는 어린이들
천둥번개의 굉음에 도망치는 사람들

개체의 작용을 개체만의 것으로 간주할 수 있는가?
사람의 움직임을 사람만의 것으로 여길 수 있는가?

때리는 자가 맞는 자보나 우월하냐고 보는가?
사람이 사람의 무리를 벗어날 수 있다고 보는가?

사람이 사람을 볼 때 무엇으로 보는가?
나라가 나라를 대할 때 무엇으로 보는가?

나 밖을 이웃으로 바라봄이 타당한 것인가?

살아 있음의 존재감은 둘일 수 없다.
살아 있음의 현존감은 하나다.

자비밖에 없다.
생명밖에 없다.

나 아닌 나는 존재하지 않는다.
나 아닌 나는 존재할 수 없다.

"네 이웃을 너 자신처럼 사랑해야 한다."(마태 22,39)

8월 27일 연중 제21주일
하늘나라의 열쇠
[마태 16,13-20]

"진리에 드는 진리의 문은 어디에 있는가?"

율법의 계명에 있던가!
전승된 자산의 지식에 있던가!
거대 조직의 치밀함에 있던가!

나는
아직도
성전을 지키고 있는 문지기던가!
왕궁을 지키고 있는 문시지던가!
다를 바 없다.

나는
아직도
성전에 사는 사제인가!
왕궁에 사는 집사인가!
다를 바 없다.

진정
말씀을 만나는 말씀의 문은 어디에 있는가?

자비에 머무는 자비의 문은 어디에 있는가?

진정
하늘나라의 열쇠는 어디에 있는가?
하늘나라의 신랑은 어디에 있는가?

눈 감으면 눈 감음을 아는 그것은 무엇이던가!
눈 뜨면 눈 뜸을 아는 그것은 무엇이던가!

거울에 비친 몸뚱어리에 있지 않다.
관념의 지식 안에 있지 않다.

그것을 벗어나 그 무엇도 있을 수 없음을 아는 그것
그것을 벗어난 그 무엇도 없음을 아는 그것

하늘나라의 열쇠다.
하늘나라의 눈이다.
하늘나라의 문이다.

예수님께서 "그러면 너희는 나를 누구라고 하느냐?" 하고 물으시자,
시몬 베드로가 "스승님은 살아 계신 하느님의 아드님 그리스도이십니다"
하고 대답하였다.
그러자 예수님께서 그에게 이르셨다.
"시몬 바르요나야, 너는 행복하다!
살과 피가 아니라 하늘에 계신 내 아버지께서
그것을 너에게 알려 주셨기 때문이다.

나 또한 너에게 말한다.
너는 베드로이다. 내가 이 반석 위에 내 교회를 세울 터인즉,
저승의 세력도 그것을 이기지 못할 것이다.
또 나는 너에게 하늘나라의 열쇠를 주겠다.
그러니 네가 무엇이든지 땅에서 매면 하늘에서도 매일 것이고,
네가 무엇이든지 땅에서 풀면 하늘에서도 풀릴 것이다."(마태 16,15-19)

살아 계신 하느님의 아드님 그리스도의 교회는 어디에 세워졌는가?
살아 계신 하느님의 아드님 그리스도의 교회는 어디에 함께하는가?

사람의 손재주로 지어진 성전은 사람이 지은 성전이다.
아버지께서 불어넣어 주신 자비의 숨,
아버지께서 아버지를 주신 진리의 영만이
아버지께서 손수 내신 아버지의 성전이다.

아!
예수 그리스도만이
하늘나라의 열쇠다.

예수 그리스도만이
하늘나라의 신랑이다.

8월 28일 성 아우구스티노 주교 학자 기념일

금이냐, 아니면 금을 거룩하게 하는 성전이냐?
[마태 23,13-22]

금을 목에 걸 것인가?
진리를 마음에 걸 것인가?

금으로 성전을 꾸밀 것인가?
마음이 하늘의 성전임을 깨달을 것인가?

금이 이끌어 가는 세상
금을 업고 금에 끌려가는 사람

사람이 사람 안에 갇힌 세상
사람을 등에 업고 사람을 짓밟는 사람

사람과 세상은 다를 바 없다.
석녀石女의 꿈의 자식이다.
사람의 세상과 돈의 사람도 다를 바 없다.
석녀의 길 잃은 자식이다.

금은 사람을 숭상하게 하고
진리는 사람을 섬기게 한다.

함께하는 사람을 금으로 보라.
함께하는 생명을 진리로 보라.

"어리석고 눈먼 자들아!
무엇이 더 중요하냐?
금이냐, 아니면 금을 거룩하게 하는 성전이냐?"(마태 23,17)

8월 29일 성 요한 세례자의 수난 기념일
세례자 요한의 머리를 요구하여라
[마르 6,17-29]

거짓된 죽임은 죽음으로 돌아오고
올바른 죽음은 죽임을 가져온다.

거짓된 요구는 거짓을 드러내고
올바른 요구는 진실을 밝힌다.

악한 생각은 어둠을 불러오고
선한 생각은 밝음을 가져온다.

살기 위해 죽이는 자는 하늘의 칼을 불러오고
살리기 위해 죽는 자는 하늘의 생명에 든다.

자신의 생각을 따르는 이는 자신의 무덤을 파는 이고
자신의 생각을 비우는 이는 하늘의 마음을 아는 이다.

회개는 매 순간 자비의 마음에 듦이다.

소녀가 나가서 자기 어머니에게 "무엇을 청할까요?" 하자
그 여자는 "세례자 요한의 머리를 요구하여라" 하고 일렀다.

8월 30일 연중 제21주간 수요일

스스로 증언한다
[마태 23,27-32]

속이 깨끗한 이는 언제 어느 때고 스스로 깨끗하다.
속이 깨어 있는 이는 언제 어느 때고 스스로 깨어 있다.

사과의 껍질과 속살이 하나이듯
사람의 속과 겉도 하나인데
위선과 불법은 속과 겉을 둘로 나누고 둘로 본다.

나와 세상을
나와 정의를
나와 사랑을

나와 꽃핌을
나와 꽃짐을
나와 죽음을

나와 너를
나와 우리를
나와 모든 생명체를

둘로 여기지 말라.

둘로 보지 말라.

죄는 둘로 봄에 있고
사랑은 하나로 봄에 있다.

하나의 진리에서
하나의 진리 안에
하나의 고요와 평화가 따른다.

"너희는 예언자들을 살해한 자들의 자손임을 스스로 증언한다."(마태 23,31)

8월 31일 연중 제21주간 목요일
제때에 양식을 내주는 종
[마태 24,42-51]

주인이 종에게 바라는 깨어 있음은
주인이 맡긴 양식을
제때에 내주는 종이다.

자기 집안 식솔들의 외침에
자기 집안 식솔들의 아픔에
자기 집안 식솔들의 염원에
주인의 이름으로
주인이 맡긴 양식으로
제때에 귀를 기울이는 종의 마음이
살아 있는 깨어 있음이다.

깨어 있음은
어둠의 길을 밝혀 주는 등불이며
지친 이를 쉬게 하는 그늘이며
목마른 이에게 샘물을 담아 주는 두레박이다.

"주인이 종에게
자기 집안 식솔들을 맡겨
그들에게

제때에 양식을 내주게 하였으면
어떻게 하는 종이
충실하고 슬기로운 종이겠느냐?"(마태 24,45)

깨어 있음은
관념의 응시 공간이 아니다.

깨어 있음은
사랑의 주시_{注視}이며
아버지의 이름으로
제때에 양식을 내줌이다.

9월 1일 연중 제21주간 금요일
신랑을 맞으러 나가라
[마태 25,1-13]

여름이 봄을 거두어 가는 듯해도
겨울이 가을을 품에 안는 듯해도
모두가
생명의 향연이다.
하늘의 잔치다.

신랑을 기다리는 처녀들의 모습이나
한밤중에 외치는 소리나
모두가
신랑을 맞이함에 있나.
신랑과 함께 혼인 잔치에 듦이다.

하늘이 내린 하늘의 삶이다.
하늘이 내린 생명의 숨이다.
무엇을 꿈꾸는가!
무엇을 기다리는가!

하늘의 자비에 감사한다면
하늘의 자비에 머문다면
'등과 함께 기름도 그릇에' 담음이다.

한밤중에 외치는 소리가 났다.
"신랑이 온다. 신랑을 맞으러 나가라."_(마태 25,6)

삶의 기쁨은
신랑을 기다림이다.

삶의 희망은
신랑을 맞으러 나감이다.

삶의 지복은
신랑과 함께 혼인 잔치에 듦이다.

9월 3일 연중 제22주일

제자들에게 밝히기 시작하셨다
[마태 16,21-27]

예수님께서는
제자들에게 밝히기 시작하셨다.

1. 당신이 반드시 예루살렘에 가시어
2. 원로들과 수석 사제들과 율법 학자들에 의해
3. 많은 고난을 받고 죽임을 당하셨다가
4. 사흘날에 되살아나셔야 한다는 것을
5. 제자들에게 밝히기 시작하셨다.(마태 16,21-27)

손가락이 달을 가리킨다는 것은
손가락이 달 아닌 다른 곳에 있지 않음을 뜻한다.

말이 도道를 말한다는 것은
말이 도道 밖에 있지 않음을 뜻한다.

나

나가 신을 논한다는 것은
신 밖에 나가 있지 않음을 뜻한다.

"당신이 반드시 예루살렘에 가심.
원로들과 수석 사제들과 율법 학자들을 만나심.
많은 고난을 받고 죽임을 당하심.
그리고 사흗날에 되살아나셔야 한다는 것을 제자들에게 밝히심."

달의 빛이 손가락을 보여 준다.
도道가 말문을 열게 한다.
신神이 나를 신神의 진리에 들게 한다.

신의 발걸음
신의 뜻
신의 죽임
신의 사심

자비는
자비를 통해
자비의 마음에 머물게 한다.

하느님은
하느님으로
그리스도의 마음에 머물게 한다.

9월 4일 연중 제22주간 월요일

주님의 은혜로운 해
[루카 4,16-30]

내면에 어둠이 있다고 보는가?
내면에 빛이 있다고 보는가?

내면에 하늘이 있다고 보는가?
내면에 하늘이 없다고 보는가?

하늘을 바라보는 나를
하늘로 받아들이지 못하는 것은 무엇인가?

무無를 바라보는 나를
무無로 받아들이지 못하는 것은 무엇인가?

내면에 어둠이 있다고 말하지 말라.
어둠은 기억의 지식일 뿐 그저 무無다.

내면에 빛이 있다고 말하지 말라.
빛은 관념의 지향일 뿐 그저 무無다.

나라는 지식으로부터 읊조리는 모든 것은
허망한 그림자의 춤이다.

하늘의 행위임을 알아야 한다.
하늘의 일임을 알아야 한다.

"주님의 은혜로운 해를 선포하게 하셨다."(루카 4,19)

주님의 은혜로운 자비만이
유일한 빛이다.
유일한 생명이다.
유일한 해다.

9월 5일 연중 제22주간 화요일

조용히 하여라. 그 사람에게서 나가라
[루카 4,31-37]

사람 안에 사람이 산다고 보는가!
부와 명예로 사람을 만들 수 있다고 보는가!

사람 안에 사람만 가득할 때
사람 안에 지식만 가득할 때
사람에게 하늘의 어둠이 찾아든다.
사람은 하늘의 빛을 잃어버린다.

사람아!
사람 생각만 하지 말라.

사람아!
사람 안에 으뜸을 꿈꾸지 말라.

사람아!
사람을 짓밟으려 하지 말라.

해가 떠오르듯
그렇게
나 또한 왔다.

해가 지듯
그렇게
나 또한 진다.

사람은
단지
빛의 공간이다.

사람은
단지
하늘의 마당이다.

예수님께서 그에게
"조용히 하여라. 그 사람에게서 나가라" 하고 꾸짖으시니
마귀는 그를 사람들 한가운데에 내동댕이치기는 하였지만
아무런 해도 끼치지 못하고 그에게서 나갔다. (루카 4,35)

사람은 사람에게
사람을 구속할 권한이 없다.

사람이 사람을 구속한다면
그것은 더러운 마귀의 짓이다.

"조용히 하여라. 그 사람에게서 나가라."

9월 6일 연중 제22주간 수요일
회당을 떠나 시몬의 집으로
[루카 4,38-44]

회당과 시몬의 집은 무엇이 다른가?
회당과 시몬의 집은 무엇이 같은가?

성전과 시장은 무엇이 다른가?
성전과 시장은 무엇이 같은가?

멈춤과 움직임은 무엇이 다른가?
멈춤과 움직임은 무엇이 같은가?

하늘과 빛은 무엇이 다른가?
하늘과 빛은 무엇이 같은가?

하늘과 나는 무엇이 다른가?
하늘과 나는 무엇이 같은가?

나와 너는 무엇이 다른가?
나와 너는 무엇이 같은가?

물음과 답은 무엇이 다른가?
물음과 답은 무엇이 같은가?

"예수님께서는 회당을 떠나 시몬의 집으로 가셨다."(루카 4,38)

아버지의 이름으로 머무는 그곳
아버지의 이름이 이루어지는 그 자리

아버지의 모두다.
아버지의 자비다.

9월 7일 연중 제22주간 목요일
시몬의 배에 오르시어
[루카 5,1-11]

마음의 배를 어디에 대어 놓았는가!
마음의 배는 무엇을 기다리고 있는가!

배와 호수
나와 세상

호수와 물고기
세상과 번뇌

나는 어디에 묶여 있는가!
마음은 무엇을 꿈꾸고 있는가!

호수에서 건져 올린 물고기들의 몸부림
생명의 진리에서 멀어진 번뇌의 몸부림

낚아 올린 고기를 채우는 배가 아니다.
세상의 이름과 부富를 줍는 나가 아니다.

"예수님께서는
그 두 배 가운데 시몬의 배에 오르시어

그에게 뭍에서 조금 저어 나가 달라고 부탁하신 다음
그 배에 앉으시어 군중을 가르치셨다."(루카 5,3)

"시몬의 배에 오르시어"

마음의 주인은
마음을 내신 분이다.

나의 배는
나를 보내신 아버지의 배다.

9월 8일 동정 마리아 탄생 축일

하느님께서 우리와 함께 계시다
[마태 1,1-16.18-23]

풀잎은
하늘이 함께한다고 말하지 않는다.

빗방울은
하늘에서 떨어졌다고 말하지 않는다.

말할 수 없어서가 아니라
스스로 하늘이기에 그렇다.

나 숨 쉼
나 있음
그대로
하늘이다.

함께함은 둘을 내포함이 아니다.
함께함은 둘로 나눌 수 없음을 뜻한다.

비운 텅 빔은 없다.
텅 빔은 그대로 비움이다.

손가락을 펴 보니
하늘의 해가 벙긋 웃는다.

"하느님께서 우리와 함께 계시다."(마태 1,23)

9월 10일 연중 제23주일

다른 민족 사람이나 세리처럼 여겨라

[마태 18,15-20]

"교회의 말도 들으려고 하지 않거든
그를 다른 민족 사람이나 세리처럼 여겨라." (마태 18,17)

저버림의 말씀으로 받아들여선 안 된다.

스스로 먼저 선과 악의 분별을 내려놓음이다.
스스로 움켜쥔 이념과 관념의 지식을 털어 버림이다.
스스로 스스로의 자비 마음으로 돌아감이다.

회개의 때를 하늘 마음으로 기다린다.
하늘의 때를 기도의 마음으로 기다린다.
자비의 마음에 단죄는 있을 수 없다.

사랑은
무심無心의 진리를 봄이며
무아無我의 진리로 깨어 있음이다.

죄는 무엇인가?

나에게 죄를 지음으로 인해 의식의 번잡함을 일으켰다면

나의 문제인가, 죄의 문제인가?
나에게 죄를 지음으로 복수의 마음을 일으켰다면
나의 문제인가, 죄의 문제인가?

나에게 지은 죄라 할지라도 무심의 진리를 건드릴 순 없다.
나에게 지은 죄라 할지라도 자비의 마음을 깨뜨릴 순 없다.

죄는 무엇인가?

죄의 무게와 나의 무게
무엇이 더 무거운가?

죄는 무엇인가?

'나는 무엇인가'와 통하지 않는가!
'깨달음이 무엇인가'와 통하지 않는가?

"네 형제가 너에게 죄를 짓거든,
가서 단둘이 만나 그를 타일러라.
그가 네 말을 들으면 네가 그 형제를 얻은 것이다." (마태 18,15)

"그를 타일러라."

타이름은
먼저
보임이다.

무심의 진리
무아의 깨어 있음

타이름은
먼저
비움이다.

두 눈의 시선
마음의 동요

9월 11일 연중 제23주간 월요일

오른손이 오그라든 사람
[루카 6,6-11]

손!

무無로 돌아갈 만 가지 일에도
무너뜨려질 허망한 돌 쌓음에도
손은 그저 침묵한다.

생명을 어루만지고
생명 길을 열면서도
손은 그저 침묵한다.

생명을 불러오고
생명을 불어넣으면서도
손은 그저 침묵한다.

사람과 땅을 만나게 하고
하늘과 땅을 이으면서도
손은 모든 일에 침묵한다.

안식일에 예수님께서 회당에 들어가 가르치셨는데
그곳에 오른손이 오그라든 사람이 있었다.

율법 학자들과 바리사이들은 예수님을 고발할 구실을 찾으려고
그분께서 안식일에 병을 고쳐 주시는지 지켜보고 있었다. (루카 6,6-7)

그런데
'오른손이 오그라든 사람'은 누구인가?

고발할 구실을 찾는 사람이다.
안식일에 병을 고쳐 주시는지 지켜보는 사람이다.
골이 잔뜩 나서 어떻게 할까 의논하는 사람이다.

마음이 오그라든 손
사랑이 메말라 버린 손

하늘의 손을
병들게 해서는 안 된다.

"손을 뻗어라."(루카 6,10)

9월 12일 연중 제23주간 화요일

산에서 내려가 평지에 서시니
[루카 6,12-19]

오르는 산과
내려가는 산은
다르지 않으나

오르는 마음과
내려가는 마음은
사뭇 다르게 다가온다.

산의 정상과
산의 바닥은
다르지 않으나

마음의 비움과
비움의 마음은
사뭇 다르게 다가온다.

비움의 길과 섬김의 길
기도의 길과 사랑의 길

산은 그대로 보인다.

산은 그대로 담아낸다.

"예수님께서 그들과 함께 산에서 내려가 평지에 서시니
그분의 제자들이 많은 군중을 이루고
온 유다와 예루살렘 그리고 티로와 시돈의 해안 지방에서
온 백성이 큰 무리를 이루고 있었다."(루카 6,17)

"산에서 내려가 평지에 서시니"
"산에서 내려가 평지에 서시니"

아버지!
빈민의 산과
탐욕의 산에서도
내려가야 하지만

하늘의 산과
지고한 깨달음의 산에서도
내려가야 하네요.

9월 13일 성 요한 크리소스토모 주교 학자 기념일

모든 사람이 너희를 좋게 말하면 너희는 불행하다!

[루카 6,20-26]

남이 좋게 말함은
자신의 것들을 말하는 것이지
본연의 나는 말하여질 수 없다.

경험을 통한 모든 지식은
하늘이 내린 본연의 나에
그 어떠한 영향도 미칠 수 없다.

크고 작은 배를 바다라 하지 않는다.
크고 작은 구름을 하늘이라 하지 않는다.

지식을 나로 동일시할 때
모습을 나로 동일시할 때
빛이면서도
빛을 찾는 꼴이 된다.

빛!
빛은 말하여질 수 없다.
빛 아닌 것이 없기에 그러하다.

나!
나는 말하여질 수 없다.
나 아닌 것이 없기에 그러하다.

"모든 사람이 너희를 좋게 말하면, 너희는 불행하다!"(루카 6,26)

귀로 듣는 순간
마음을 듣지 못한다.

눈으로 보는 순간
마음을 보지 못한다.
마음으로 본다 하는 순간
하늘은 빛과 등을 돌린다.

있을 수 없는 일을
있을 수 있다 하니
선악과 열매가 목구멍에 걸려 토해지지 않는다.

9월 14일 성 십자가 현양 축일

하늘에서 내려온 이, 하늘로 올라간 이
[요한 3,13-17]

나의 것도
나만의 짓도
나를 자각하는 순간
없음을 안다.

하늘의 일이며
하늘의 행위다.

무無의 향연饗宴이며
무無의 무위無爲다.

하늘이 도道이고
하늘이 무無이고
하느님이 하늘이다.

하늘 아닌 것이 없는데
하늘을 보고 있다 하고

하늘 아닌 것이 없는데
나 밖에 하늘이 있다고 말한다.

하늘!
바늘구멍으로 보아도 그 자리에 있고
바늘구멍을 닫아도 그 자리에 있다.
나가 하늘이기에 그렇다.

그래서
눈 감음도 하늘이며
눈 뜸도 하늘이다.

그래서
내려옴도 하늘이며
오름도 하늘이다.

그때에 예수님께서 니코데모에게 말씀하셨다.
"하늘에서 내려온 이,
곧 사람의 아들 말고는
하늘로 올라간 이가 없다." (요한 3,13)

하늘!
하늘 밖의 하늘이 없듯이
하늘 밖의 사람의 아들도 없다.

하늘!
하늘 진리에 눈 열리면
하늘 아님이 없다.

9월 15일 고통의 성모 마리아 기념일

십자가 곁
[요한 19,25-27]

곁!
사랑은 곁에 머문다.
섬김도 곁에 머문다.
깨어 있음도 곁에 머문다.

곁에 사랑이 있다.
곁에 믿음이 있다.
곁에 깨달음이 있다.

곁!
곁을 저버릴 때 유혹에 든다.
곁을 외면할 때 독선에 빠진다.
곁과 하나일 때 진리에 든다.

곁을 지킴이 따름이다.
곁에 함께함이 십자가 짐이다.

"예수님의 십자가 곁에는
그분의 어머니와 이모
클로파스의 아내 마리아와 마리아 막달레나가

서 있었다."(요한 19,25)

존재의 숨 쉼이 곁이다.
하늘의 곁이며
십자가의 곁이다.

9월 17일 성 김대건 안드레아 사제와 성 정하상 바오로와 동료 순교자들 대축일

십자가를 지고
[루카 9,23-26]

무엇을 짊어지고 있는가?
무엇을 짊어지고자 하는가?
무엇을 얻었다고 여기는가?
무엇을 얻으려고 하는가?

꽃은 무엇을 짊어지고 있다고 보는가!
나비는 무엇을 짊어지고 있다고 보는가!

이름을 짊어지고 있던가?
모습을 짊어지고 있던가?
분노를 짊어지고 있던가?
불안을 짊어지고 있던가?

'모두'의 뜻은 한 지체임을 뜻한다.
'몽땅'의 뜻은 한 몸임을 뜻한다.
'십자가'의 뜻은 한 자비의 진리를 뜻한다.

사랑만이 유일한 나 있음의 뜻이다.
진리만이 유일한 나 있음의 뜻이다.
구원만이 유일한 나 있음의 뜻이다.

하늘은 한 자비의 진리만을 보여 준다.
하늘은 한 자비의 진리만을 따르게 한다.

"누구든지 내 뒤를 따라오려면,
자신을 버리고 날마다 제 십자가를 지고 나를 따라야 한다."(루카 9,23)

십자가는
모두에게 안기신 아버지의 자비다.
만물의 숨 쉼은
만물에게 안기신 아버지의 생명이다.

9월 18일 연중 제24주간 월요일

백인대장의 노예
[루카 7,1-10]

하늘은 사람을 하늘의 몸으로 냈고
사람은 하늘의 몸을 사람의 노예로 만들었다.

하늘은 사람의 몸에 하늘의 생명을 불어넣었고
사람은 하늘의 몸에 관념의 지식을 쌓게 했다.

하늘은 하늘로 사람을 냈는데
사람은 하늘을 노예로 부렸다.

하늘은 하늘과 사람을 하나로 내었는데
사람은 하늘과 사람을 둘로 나누었다.

"마침 어떤 백인대장의 노예가 병들어 죽게 되었는데
그는 주인에게 소중한 사람이었다.
이 백인대장이
예수님의 소문을 듣고 유다인의 원로들을 그분께 보내어
와서 자기 노예를 살려 주십사고 청하였다."(루카 7,2-3)

'백인대장의 노예'는 '주인에게 소중한 사람'이었다.

법의 잣대는 노예지만
하늘의 잣대는 소중한 사람이다.

지식의 잣대는 노예지만
진리의 잣대는 소중한 사람이다.

예수님께서는 백인대장에게 감탄하시며
당신을 따르는 군중에게 돌아서서 말씀하셨다.
"내가 너희에게 말한다.
나는 이스라엘에서 이런 믿음을 본 일이 없다."(루카 7,9)

믿음은
하늘의 눈으로
하늘의 마음으로
자비의 곁에 섬이다.

9월 19일 연중 제24주간 화요일
과부와 함께 가고 있었다
[루카 7,11-17]

세상 안에
나의 운명은 따로 있지 않다.
세상 안에
내 운명의 끝이 있지는 않다.

세상 모든 현상계의 움직임이
그대로
나의 나이며
송두리째
나 안에 담긴다.

한 잎새의 떨어짐도
한 육신의 죽음도
모두가
하늘 안에 담긴다.

나무는
그대로
하늘의 생명이다.

나는
그대로
하늘의 자비다.

"예수님께서 그 고을 성문에 가까이 이르셨을 때
마침 사람들이 죽은 이를 메고 나오는데
그는 외아들이고 그 어머니는 과부였다.
고을 사람들이 큰 무리를 지어 그 과부와 함께 가고 있었다."(루카 7,12)

"고을 사람들이 큰 무리를 지어 그 과부와 함께 가고 있었다."

눈을
감아 본다.

하늘이
눈을 감는다.

하늘이
하늘에 안긴다.

하늘은
함께 운다.
함께 간다.
함께 일어난다.

9월 20일 연중 제24주간 수요일

장터에 앉아 서로 부르며
[루카 7,31-35]

사람들은 뭔가 할 수 있다며 소리치나
사람들이 할 수 있는 것은 무엇인가?
'장터에 앉아 서로 부르며' 사고파는 것 외에 무엇이 있는가?

장터 바닥의 돌덩어리 하나 만들지 못하고
장터 탁자의 나무 한 그루도 만들지 못하면서

내가 어떻게 숨 쉼도 알지 못하고
죽음이 무엇을 뜻하는지도 모르면서

정작
많은 사람은
'장터에 앉아 서로 부르며' 한생을 보낸다.

주님께서 말씀하셨다.
"이 세대 사람들을 무엇에 비기랴? 그들은 무엇과 같은가?
장터에 앉아 서로 부르며 이렇게 말하는 아이들과 같다.
우리가 피리를 불어 주어도 너희는 춤추지 않고
우리가 곡을 하여도 너희는 울지 않았다."(루카 7,31-32)

사람은 사람에게 춤은 추게 하나
춤추는 그것이 무엇인지는 밝힐 수 없다.
그러면서도 춤을 추게 했다고 자랑한다.

사람은 사람을 울게 하나
우는 그것이 무엇인지는 말하지 못한다.
그러면서도 사람을 울게 했다고 자랑한다.

"그러나
지혜가 옳다는 것을
지혜의 모든 자녀가 드러냈다."(루카 7,35)

9월 21일 성 마태오 사도 복음사가 축일

나를 따라라
[마태 9,9-13]

꽃잎은 무엇을 따를까!
꽃잎은 어디에 머물까!

하늘빛은 무엇을 따를까!
하늘빛은 무엇을 밝힐까!

따른다는 것은
둘이 아님을 아는 그것에 머묾이다.

따른다는 것은
한 자비의 빛이 만물의 한 생명임을 믿음이다.

따른다는 것은
나로 여기는 지식을 나로 보지 않고
무無를
도道를
자비를
나로 명명함을 앎이다.

예수님께서 길을 가시다가

마태오라는 사람이 세관에 앉아 있는 것을 보시고 말씀하셨다.
"나를 따라라."
그러자 마태오는 일어나 그분을 따랐다.(마태 9,9)

하늘은
하늘을 품고 있다.

나는
자비를 품고 있다.

모름을
깨우쳐 밝혀 주심이
스승이다.
자비의 무한한 빛이다.

"나를 따라라."

9월 22일 연중 제24주간 금요일
하느님 나라
[루카 8,1-3]

헐벗은 이들에게 하느님의 나라는 어디에 있는가?
고통받는 이들에게 하느님의 나라는 어디에 있는가?
죽음을 기다리는 난민들에게 하느님의 나라는 어디에 있는가?

예수께서 선포하신 하느님의 나라는 무엇인가?

물 위에 물방울이 떨어져도 물은 그대로이듯
하느님의 나라도 그와 같은 것인가!

먼지 위에 먼지가 쌓여도 먼지이듯
지식 위에 지식이 쌓여도 지식이듯
하느님의 나라도 그와 같은 것인가!

나 위에 나를 쌓아 가도 나이듯
나 위에 나를 덜어 내도 나이듯
하느님의 나라도 그와 같은 것인가!

어미 품속의 알이 스스로 껍데기를 깨고 나오듯
하느님의 나라도 그처럼 다가오는 것인가!

하늘을 담아 낸 하늘이 없듯이
마음을 담아 낸 마음도 없듯이
지금 여기 이 자리가 하느님의 나라인가!

나 밖에 하느님의 나라는 없다.
하느님의 나라 밖에 나도 없다.

꿈꾸는 하느님 나라는 한낱 꿈의 나라이듯
고통의 생각에서 하느님 나라의 생각으로 옮겨 감도
한낱 생각의 나라다.

하느님의 자비는 나다.
하느님의 생명은 나다.
하느님의 나라는 나다.

"예수님께서는 고을과 마을을 두루 다니시며
하느님의 나라를 선포하시고 그 복음을 전하셨다." (루카 8,1)

하느님의 모상 안에 하느님의 나라가 담겨 있다.
아버지의 숨결 안에 아버지의 나라가 담겨 있다.

이보다 더한 지고의 진리가 어디에 있겠는가!
이보다 더한 지고의 자비가 어디에 있겠는가!

9월 24일 연중 제25주일

집을 나선 밭 임자
[마태 20,1-16]

남을 바라보는 마음의 눈길과
나를 바라보는 마음의 눈길이
하나임을 앎이
'집을 나선 밭 임자'의 마음이다.

홀로 울고 있는 이의 마음이
홀로 바라보는 이의 마음과
하나임을 앎이
'집을 나선 밭 임자'의 마음이다.

하늘이 내린 생명의 땅은
하늘을 낳고 기르고
하늘을 먹고 마시게 한다.
이 진리를 사는 이는
'집을 나선 밭 임자'의 마음이다.

"하늘나라는
자기 포도밭에서
일할 일꾼들을 사려고
이른 아침에 집을 나선 밭 임자와 같다." (마태 20,1-16)

하늘나라에 살면서도
하늘 사람임을 모름보다
더한 무지無知는 없다.
더한 죄는 없다.

9월 25일 연중 제25주간 월요일
어떻게 들어야 하는지 잘 헤아려라
[루카 8,16-18]

바람이 바람이듯
소리도 소리일 뿐인데

그물에 감기는 물고기처럼
소리에 갇히는 귀먹은 이가 있다.

어떻게 들어야 하는지
무엇을 흘려보내야 하는지
헤아리지 못한다.

어둠은 어디에서 오던가!
번뇌와 망상은 어디에서 오던가!

텅 빔은
그 무엇도 움켜쥐지 않는다.
치고 온 모든 것을 제자리로 되돌린다.

등불을 켬은 무엇인가?
텅 빈 마음에 머무름이다.
자비의 마음이 텅 빈 마음이다.

텅 빈 마음은 그 자체로 숨겨진 것을 드러낸다.
등불은 그 자체로 감추어진 것을 드러낸다.

"아무도 등불을 켜서 그릇으로 덮거나 침상 밑에 놓지 않는다.
등경 위에 놓아 들어오는 이들이 빛을 보게 한다.
숨겨진 것은 드러나고 감추어진 것은 알려져 훤히 나타나기 마련이다.
그러므로 너희는
어떻게 들어야 하는지 잘 헤아려라."(루카 8,17-18)

늘
빛으로 향하는 잎사귀처럼
늘
말씀으로 들어야 한다.
말씀으로 헤아려야 한다.

등경 위에 놓인 등불이어서
'들어오는 이들이 빛을 보게 된다.'

9월 26일 연중 제25주간 화요일

내 어머니와 내 형제들
[루카 8,19-21]

"예수님의 어머니와 형제들"(19절)
"스승님의 어머님과 형제들"(20절)
"내 어머니와 내 형제들"(21절)

제자들이 바라보았을 땐
'예수님의 어머니와 형제들'
'스승님의 어머님과 형제들'이었지만

예수께서 바라보았을 땐
'하느님의 말씀을 듣고 실행하는 사람들'
'내 어머니와 내 형제들'이었다.

달을 나의 달이라 하지 않지만
나 밖에 달이 있는 것은 아니다.

꽃잎을 나의 꽃잎이라 하지 않지만
나 밖에 꽃잎이 있는 것은 아니다.

나가 있어 달이 있고
달이 있어 나가 있다.

예수님께서 그들에게 이르셨다.
"내 어머니와 내 형제들은
하느님의 말씀을 듣고
실행하는 이 사람들이다." (루카 8,21)

지식은 지식일 뿐이다.
몸은 몸일 뿐이다.

말씀의 진리에 머물지 않는다면
한 말씀 안에
한 생명의 몸체를
깨달을 수 없다.

9월 27일 성 빈첸시오 드 폴 사제 기념일
힘과 권한을 주셨다
[루카 9,1-6]

생명의 창조는 오직 생명의 일이다.
창조의 생명은 무궁한 생명의 길이다.

생명의 나도 오직 생명의 일이다.
니의 생명도 무궁한 생명의 길이다.

이처럼
힘과 권한도
생명의 진리로부터 온다.
말씀의 생명으로부터 온다.

숨을 구할 수 없듯이
숨을 만들 수 없듯이
힘과 권한도 하늘에 속한다.
하늘의 힘이다.
하늘의 권한이다.

나에게서 얻어 낼 나라는 것은 없다.
내가 만들 수 있는 나라는 힘이라는 것도 없다.

관념의 지식에 속지 말라.
관념의 지식을 힘과 권한으로 동일시하지 말라.

"예수님께서는
열두 제자를 불러 모으시어
모든 마귀를 쫓아내고 질병을 고치는
힘과 권한을 주셨다." (루카 9,1)

힘과 권한은
하늘로부터 온다.

힘과 권한은
하늘의 일을 위해 주어진 것이다.

9월 28일 연중 제25주간 목요일
요한은 내가 목을 베었는데
[루카 9,7-9]

생명의 진리는 밟아 죽일 수 없다.
말씀의 생명은 칼로 벨 수 없다.

누가 죽는가?
나라고 동일시하는 이름과 모습일 뿐이다.

꿈꾸는 꿈은 결국 꿈이다.
언제까지
이름과 모습에 갇혀 있을 것인가!

이름과 모습에 갇혀 있는 한 꿈이다.
이름과 모습이 아님을 알아차릴 때 꿈에서 깨어난다.
깨달음의 자리는 바로 그 자리다.

본인이 꿈인지를 모르고 있다.
꿈 무대의 한 배역임을 잊고 있다.

사는 진리,
사는 생명은
오직

하나다.

하나가 하늘을 보인다.
하나가 땅을 보인다.
하나가 숨을 보인다.
하나가 사람을 있게 한다.

오직
하나만 있다.

무분별의 자리이며
무한한 자비의 자리다.

헤로데는 이렇게 말하였다.
"요한은 내가 목을 베었는데
소문에 들리는 이 사람은 누구인가?" (루가 9,9)

"소문에 들리는 이 사람은 누구인가?"

꿈에서 깨어나지 않는 이
꿈에서 깨어나려 하지 않는 이

한평생
"소문에 들리는 이 사람은 누구인가?"에만 골똘해한다.
결국
꿈의 무대에서 쫓겨날 때 꿈이었음을 안다.

9월 29일 성 미카엘, 성 가브리엘, 성 라파엘 대천사 축일
저 사람은 거짓이 없다
[요한 1,47-51]

'나가 누구인가?'를
지닌 것과 누리는 것으로 알린다면

'나가 누구인가?'를
지닌 것과 누리는 것으로 이해한다면

'나가 누구인가?'를
지닌 것과 누리는 것으로 경험한다면

나는 이념의 나가 아니다.
나는 소유의 나가 아니다.
나는 지식의 나가 아니다.
나는 율법의 나가 아니다.

나타나엘이 예수님께 말하였다.
"스승님,
스승님은 하느님의 아드님이십니다.
이스라엘의 임금님이십니다."(요한 1,49)

나
그대로
하늘의 빛이다.

나
그대로
빛의 하늘이다.

예수님께서는 나타나엘이 당신 쪽으로 오는 것을 보시고
그에 대하여 말씀하셨다.
"보라, 저 사람이야말로 참으로 이스라엘 사람이다.
저 사람은 거짓이 없다." (요한 1,47)

거짓의 뿌리는 어디에 있는가!

눈꺼풀이 열릴 때
하늘도 열림을 모름에 있다.

진리의 뿌리는 어디에 있는가!

눈꺼풀이 닫힐 때
하늘도 닫힘을 앎에 있다.

10월 1일 아기 예수의 성녀 데레사 동정 학자 대축일
내 이름으로 받아들이면 나를 받아들이는 것이다
[마태 18,1-5]

보여 줌과 봄은
한 빛의 일이며
한 빛의 작용이다.

빛이 있어
빛을 보는 나가 있다.
빛을 보는 나는
이미 빛 가운데 있다.

보여지는 것과 바라보는 봄은
본디 하나다.
한 빛의 한 있음이다.

빛은
보여 줌과 봄을
하나로 밝힌다.

말씀의 진리도 그와 같다.
자비의 진리도 그와 같다.

자비와 섬김은
늘 하나로 흐른다.

빛을 어디에서 찾는가!
신神을 어디에서 찾는가!
도道를 어디에서 찾는가!

빛을 등진 그 무엇도 있을 수 없듯이
빛과 마음도 영원히 함께한다.

'빛은 빛이다' 해도 맞고
'마음은 빛이다' 해도 맞고
'빛은 마음이다' 해도 맞다.

한 빛의 창언이며
한 빛의 변모이며
한 빛의 작용이다.

빛은
그대로 만물이며
만물은
그대로 빛이다.

빛은
만물을 기르고 먹이고

만물은
빛을 먹고 마신다.

"누구든지 이런 어린이 하나를
내 이름으로 받아들이면
나를 받아들이는 것이다."(마태 18,5)

아버지의 이름으로 받아들이면
아버지의 진리로 받아들이면
아버지의 자비로 받아들이면
아버지의 마음으로 받아들이면
아버지를 받아들임이다.

아버지의 일 아님이 없다.
아버지의 자비 아님이 없다.

10월 2일 수호천사 기념일

아버지의 얼굴을 늘 보고 있다
[마태 18,1-5.10]

어디에서 아버지의 얼굴을 보는가!
어디에서 아버지의 얼굴을 찾는가!

아버지께서 내신 몸이 아버지의 얼굴이다.
아버지께서 담아 주신 마음이 아버지의 얼굴이다.
아버지께서 주신 숨이 아버지의 얼굴이다.

아버지의 자비
아버지의 말씀
아버지의 얼굴
다르지 않다.

아버지의 자비 밖에 나가 없듯이
아버지의 말씀 밖에 이웃이 없듯이
나 밖에 아버지의 얼굴은 없다.
이웃 밖에 아버지의 얼굴은 없다.

"너희는 이 작은 이들 가운데 하나라도
업신여기지 않도록 주의하여라.
내가 너희에게 말한다.

하늘에서 그들의 천사들이
하늘에 계신 내 아버지의 얼굴을 늘 보고 있다."(마태 18,10)

아버지는 이미 아버지의 얼굴을 주셨는데 …
아버지는 이미 아버지의 마음을 주셨는데 …

10월 3일 연중 제26주간 화요일

돌아서서 꾸짖으셨다
[루카 9,51-56]

사랑의 길은
무심無心의 길이다.
심心이 무無임을 자각하는 길이다.

사랑의 길은
무無와 무無의 대면처럼
없는 손을 없는 손으로 잡아 주고
내민 손을 내민 마음으로 돌려준다.

사랑의 길은
길을 걷는다고 말하지 않고
길 가운데 서 있다고 생각하지 않는다.
길과 걸음에서 무無를 볼 뿐이다.
무無의 발자국을 보려 하지 않는다.

"야고보와 요한 제자가 그것을 보고
'주님, 저희가 하늘에서 불을 불러 내려
저들을 불살라 버리기를 원하십니까?' 하고 물었다.
예수님께서는 돌아서서 그들을 꾸짖으셨다.
그리하여 그들은 다른 마을로 갔다." (루카 9,54-56)

다른 마을로 감은
비움의 마음을 앎이다.

사랑의 길은
무아가 곧 하늘의 진리임을 깨달음이다.

10월 4일 한가위

생명은 재산에 달려 있지 않다
[루카 12,15-21]

숨을 경험하는 그것도 숨이듯이
살아 있음을 경험하는 그것도 살아 있음이다.

하늘이 내린 생명은 오직 하늘에 속한다.
절대 진리다.

살아 있다고 여기는 나의 존재감을
나의 생명으로 동일시해서는 안 된다.

내가 존재한다는 의식을
나만의 의식으로
나만의 목숨으로 동일시해서는 안 된다.

살아 있음을 경험하는 그것은
나라고 여기는 관념의 지식과는 전혀 무관하다.

내가 존재한다는 것은 한낱 지식일 뿐 그 어디에도 없다.
하늘빛의 한 생명만 있다.

예수님께서 사람들에게 이르셨다.

"너희는 주의하여라.
모든 탐욕을 경계하여라.
아무리 부유하더라도
사람의 생명은
그의 재산에 달려 있지 않다."(루카 12,15)

생명은 하늘에 속한다.
생명은 나라는 허망한 지식에 속할 수 없다.

"사람의 생명은
그의 재산에 달려 있지 않다."

10월 5일 연중 제26주간 목요일

그러나 이것만은 알아 두십시오
[루카 10,1-12]

무엇이 나인가?

나에 대해
안다고 여기는 모든 것은
나가 아니다.

나에 대해
말할 수 있는 모든 것 또한
나가 아니다.

무엇이 나인가?

숨 쉼을 아는 그것인가!
말함을 보는 그것인가!

그것을 아는 숨 쉼인가!
그것을 싣는 말함인가!

나는 그대로 나다.
나는 보는 그대로 나다.

나는 있는 그대로 나다.

무엇이 나인가?

빛은 그대로 빛이듯
빛은 그대로 생명이듯
빛은 그대로 만물이듯

아는 그것 그대로 나다.
듣는 그것 그대로 나다.
보는 그것 그대로 나다.

털고 일어난다 말하지 말고
태어나 죽는다 말하지 말라.

일어나는 그것뿐이다.
아는 그것뿐이다.

텅 빈 하늘은
그릴 수 없다.
말할 수 없다.
그러나
텅 빈 하늘은
모두를 있게 한다.

"그러나 이것만은 알아두십시오.

하느님의 나라가 가까이 왔습니다."(루카 10,11)

10월 6일 연중 제26주간 금요일

나를 보내신 분을 물리치는 사람
[루카 10,13-16]

'나 있음'이라는
순수 존재감으로서의 의식은
어디에서 온 것인가?

물음과 답이 떨어져 나간
'나 있음'이라는 그대로의 의식은
어디에서 온 것인가?

알 수 없다.
말할 수 없다.

말문이 막힌
알 수 없음이 아니라
말할 수 없는
알 수 없음이다.

그런데
그런데
알 수 없음이 나 있음의 얼굴이며 깨달음의 몸통이다.
이보다 더한 오묘함이 어디에 있겠는가!

'깨어 있음'과 '알 수 없음'은 하나로 통한다.
신묘한 한 빛이다.
나누일 수 없는 하나다.

나를 보내신 분
나를 있게 하는 그것
알 수 없는 나 있음의 깨어 있음
모두
하나로 통한다.

강변의 돌을 집어 강에 던진다.
무엇이 강인가!
무엇이 돌인가!

나 있음은 나를 집어 그것에 던진다.
무엇이 나인가!
무엇이 그것인가!

"나를 물리치는 자는 나를 보내신 분을 물리치는 사람이다." (루카 10,16)

헤아리지 못하는 자는
분별에 빠진 자는
본래의 나,
하늘의 나를 물리치는 자다.

나 있음의 진리는 보려 하지 않으면서
나만의 이름과 모습에 갇혀 있다면
알 수 없는 있음의 진리를
영원히 놓치고 마는 이다.

10월 8일 연중 제27주일

들어 보아라
[마태 21,33-43]

빛으로부터 도망칠 수 있는
나무 그늘은 없다.

나무로부터 달아날 수 있는
나무 그늘도 없다.

그늘이 옮겨 간다 하여
그늘이 작아진다 하여
가슴 조일 이유가 없다.

그늘은
빛의 존재를 암시할 뿐이고
나무의 현존을 가리킬 뿐이다.

나도
텅 빈 있음의 그림자이며
하늘 생명의 그림자일 뿐이다.

"다른 비유를 들어 보아라.
어떤 밭 임자가 포도밭을 일구어

울타리를 둘러치고 포도 확을 파고 탑을 세웠다.
그리고 소작인들에게 내주고 멀리 떠났다.
포도 철이 가까워지자
그는 자기 몫의 소출을 받아 오라고
소작인들에게 종들을 보냈다."(마태 21,33-34)

살아 있음은
집주인이
집 처마 아래
등불을 켜 둠과 같다.

켜진 등불은
집주인의 집을 밝히고
집주인의 꽃밭을 보여 줄 뿐이다.

"포도 철이 가까워지자
그는 자기 몫의 소출을 받아 오라고
소작인들에게 종들을 보냈다."(마태 21,34)

10월 9일 연중 제27주간 월요일
너는 어떻게 읽었느냐?
[루카 10,25-37]

빛은 어디에 머무는가!
진리는 어디에 머무는가!

나 밖에 빛이 없듯이
나 밖에 진리도 없다.

빛에 대한 많은 글을 쓴다 한들
진리에 대해 많은 글을 읽는다 한들
나가 빛임을
진리가 나임을 모른다면
무슨 소용이 있겠는가!

나를 읽어야 한다.
나를 알아야 한다.
나를 보아야 한다.

나 아닌 바가 없고
자비 아닌 바가 없다.

어떤 율법 교사가 일어서서 예수님을 시험하려고 말하였다.

"스승님, 제가 무엇을 해야 영원한 생명을 받을 수 있습니까?"
예수님께서 그에게 말씀하셨다.
"율법에 무엇이라고 쓰여 있느냐? 너는 어떻게 읽었느냐?"(루카 10,25-26)

나의 생명 밖에
영원한 생명이라는 것은 없다.
이미
영원한 생명의 빛으로 지금 여기에 있다.

바로
나다.

10월 10일 연중 제27주간 화요일

일과 몫
[루카 10,38-42]

집에 모신 예수님께 '시중드는 일'
집에 모신 예수님의 '말씀을 듣는 몫'

하루를 보내면서도 나의 몫을 놓치면
하루의 일들은 허무虛無로 돌아간다.

일에만 빠지면 소중한 몫을 볼 수 없다.
몫을 경험하지 못하는 일은 돌탑만 쌓을 뿐이다.
씨알이 뿌리를 내릴 수 없다.

일은 의식의 탐색이며 몸의 행위다.
몫은 '나 있음'에 귀 기울임이며 깨어 있음이다.

하여
일에 깨어 있음을 실으면 몫이 되고
몫에 비움을 채우면 사랑이다.

주님께서 마르타에게 대답하셨다.
"마르타야, 마르타야!
너는 많은 일을 염려하고 걱정하는구나.

그러나
필요한 것은 한 가지뿐이다.
마리아는 좋은 몫을 선택하였다.
그리고
그것을 빼앗기지 않을 것이다."^(루카 10,41-42)

숨은
그대로
하늘의 몫이다.

살아 있음이
하늘의 몫임을
알아차릴 때

하늘의 일은
몫을 통해
스스로 열린다.

10월 11일 연중 제27주간 수요일
어떤 곳에서 기도하고 계셨다
[루카 11,1-4]

어떤 곳에
아버지의 나라가 임하도록 기도한다.

어떤 사람에게
아버지의 나라가 도래하도록 기도한다.

아버지가 있는 곳이
아버지의 나라다.

말씀의 진리가 살아 있는 곳이
아버지의 나라다.

실은
어떤 곳
어떤 사람
모두
아버지의 나라다.

단지
알지 못할 뿐이다.

단지
믿지 못할 뿐이다.

기도는
아버지 나라의 선포에 있다.
아버지 나라의 깨달음에 있다.

"너희는 기도할 때 이렇게 하여라.
'아버지, 아버지의 이름을 거룩히 드러내시며
아버지의 나라가 오게 하소서.'"(루카 11,2)

"아버지의 나라가 오게 하소서."

아버지의 나라를 알게 하소서.
아버지의 나라를 깨닫게 하소서.
아버지의 나라에 머물게 하소서.

10월 12일 연중 제27주간 목요일

문을 두드려라
[루카 11,5-13]

집 문의 열쇠를 지닌 이는 주인이고
집 문의 열쇠가 없는 이는 객이다.

객이 집 문을 열 수 있는 유일한 길은
두드림뿐이다.

객이 집 문에 들어설 수 있는 유일한 길은
주인의 마음, 주인의 믿음에 드는 것뿐이다.

주인의 마음을 얻는 순간
집 문만이 아니라 집 안의 방문도 자유롭다.

객이 문을 두드림은
주인의 마음을 두드림과 같다.

진리의 도道
하늘의 마음에 드는 것도
그와 같다.

"문을 두드려라, 너희에게 열릴 것이다."(루카 11,9)

두드림은 믿음에 의혹을 품지 않음이다.
믿음이 진리의 문을 연다.
두드림과 열림은 한 진리 안에 있다.

10월 13일 연중 제27주간 금요일

하느님의 손가락
[루카 11,15-26]

"내가 하느님의 손가락으로 마귀를 쫓아내는 것이면
하느님의 나라가 이미 너희에게 와 있는 것이다."(루카 11,20)

마귀를 쫓아내는 것은
지식의 손가락도 아니며
율법의 손가락도 아니다.

오직
하느님의 손가락이다.
하느님의 밀씀이다.
깨어 있는 비움의 믿음이다.

'나 있음'이
하느님의 손가락이다.

'나 있음'이
아버지의 자비이며
아버지의 한 생명이다.

그 무엇도

그 어떠한 것도
아버지로부터 나를 떼어 놓을 수 없다.
그런데
아버지의 이미지를 만들어
율법의 이미지를 만들어
그곳에 절하게 하는 것이
지식의 짓이며
마귀의 짓이다.

나는
아버지의 손가락이다.
아버지의 믿음이다.
아버지의 집이다.

"내가 하느님의 손가락으로 마귀를 쫓아내는 것이면
하느님의 나라가 이미 너희에게 와 있는 것이다." (루카 11,20)

"하느님의 나라가 이미 너희에게 와 있는 것이다."

하느님의 나라는 죽어서 가는 자리가 아니다.
지금 여기에서
믿음의 진리로 아는 '그것'이다.

10월 15일 연중 제28주일

혼인 예복을 입지 않은 사람
[마태 22,1-14]

혼인 잔치에
혼인 예복을 입지 않은 사람은
나만의 지식으로
나만의 세상을 탐닉하는 사람이다.
회개하지 않은 사람이다.

혼인 잔치에
혼인 예복을 입지 않은 사람은
스스로 고집해 온 이름과 모습을
벗으려 하지 않는 사람이다.
회개하지 않은 사람이다.

"종들은 거리에 나가
악한 사람, 선한 사람 할 것 없이 만나는 대로 데려왔다.
잔칫방은 손님들로 가득 찼다.
임금이 손님들을 둘러보려고 들어왔다가
혼인 예복을 입지 않은 사람 하나를 보고
'친구여, 그대는 혼인 예복도 갖추지 않고 어떻게 여기 들어왔나?'
하고 물으니
그는 아무 말도 하지 못하였다.

그러자 임금이 하인들에게 말하였다.
'이자의 손과 발을 묶어서 바깥 어둠 속으로 내던져 버려라.
거기에서 울며 이를 갈 것이다.'
사실 부르심을 받은 이들은 많지만 선택된 이들은 적다."(마태 22,10-14)

"악한 사람, 선한 사람 할 것 없이 만나는 대로 데려왔다."(10절)

바다에 다다른 강물은
더러움도 맑음도 벗는다.

하늘 마음에 다다른 마음은
선과 악에 물들지 않는다.

"이자의 손과 발을 묶어서
바깥 어둠 속으로 내던져 버려라.
거기에서 울며 이를 갈 것이다."(13절)

허망한
거짓 지식을 따라가선 안 된다.

진리의 빛을 잃어버림보다
더 큰 어둠은 없다.

빛 가운데 있으면서도 빛임을 깨닫지 못함보다
더 큰 비애는 없다.

10월 16일 연중 제28주간 월요일

지혜를 들으려고 땅끝에서 왔다
[루카 11,29-32]

스승의 빛은 지혜의 빛이다.
스승의 생명은 지혜의 생명이다.
스승의 말씀은 지혜의 말씀이다.
스승의 표징은 지혜의 표징이다.

스승은
나가 그대로 지혜의 빛임을
나가 그대로 지혜의 생명임을
나가 그대로 지혜의 말씀임을
나가 그대로 지혜의 표징임을
깨닫게 하신다.

스승은
거짓된 모든 아상我相의 표징을 바순다.
걸어온 모든 발자국이 흙의 발자국임을 깨닫게 한다.
이름과 모습의 상像을 공허空虛의 지혜로 쓸어 낸다.

빛은 그대로 세상이다.
빛은 그대로 만물이다.
빛은 그대로 사람이다.

빛은 그대로 자비다.

빛뿐이다.
자비뿐이다.

"심판 때에 남방 여왕이
이 세대 사람들과 함께 되살아나
이 세대 사람들을 단죄할 것이다.
그 여왕이
솔로몬의 지혜를 들으려고 땅끝에서 왔기 때문이다.
그러나
보라,
솔로몬보다 더 큰 이가 여기에 있다."(루카 11,31)

"보라, 솔로몬보다 더 큰 이가 여기에 있다."
"보라, 솔로몬보다 더 큰 이가 여기에 있다."

지혜는 여기에 있다.
자비는 여기에 있다.
말씀은 여기에 있다.
영원한 생명은 여기에 있다.

10월 17일 안티오키아의 성 이냐시오 주교 순교자 기념일

속에 담긴 것
[루카 11,37-41]

하늘의 겉과 하늘의 속이 있던가!
땅의 겉과 땅의 속이 있던가!
물의 겉과 물의 속이 있던가!

나의 겉과 나의 속이 따로 있다고 보는가!

속을 담고 있는 속주머니
한속이다.
하나다.

겉과 속을 분별함이 지식이며 관념이다.

하늘의 속은 다름 아닌 나의 속이다.
하늘이 내린 속은 영원토록 하늘 속이다.

주위 모은 관념의 지식을 나의 속으로 착각하면서
본래의 속이 겉으로 내몰린다.

하늘은 겉을 따로 낸 적이 없다.

"속에 담긴 것으로 자선을 베풀어라.
그러면 모든 것이 깨끗해질 것이다."(루카 11,41)

10월 18일 성 루카 복음사가 축일

이 집 저 집으로 옮겨 다니지 마라
[루카 10,1-9]

사랑은
마음의 전달,
감정의 전달,
지식의 전달이 아니다.

사랑은
아버지의 이름으로
깨어 있음이다.

머물 그곳에 머무는 그것이 사랑이다.
사랑은 저절로 흐른다.

나 있음의 존재가
아버지의 자비다.
있음 자체가 그대로 사랑이다.

이 집 저 집으로
사랑과 평화를 찾아다닐 이유가 없다.

있음을 보이는 그것

있음에 머무는 그것
그것이 사랑이다.
그것이 진리며 평화다.

"이 집 저 집으로 옮겨 다니지 마라."(루카 10,7)

10월 19일 연중 제28주간 목요일

불행하여라, 너희 율법 교사들아!
[루카 11,47-54]

물은
모든 생명체를 적시고
모든 생명체를 기른다.

한 모금의 물이 나를 있게 한다.

말은
모든 생명체를 흔들고
모든 생명체를 가른다.

한마디의 말이 나를 죽게 한다.

물은 지금 여기의 자각에 머물게 하고
말은 경험적 지식의 소용돌이에 휘말리게 한다.

말씀은 깨어 있음의 자각으로 나를 보게 하고
율법(말)은 경험의 자산으로 나를 보게 한다.

한 모금의 물이 없다면
수많은 말들은 텅 빈 무덤과 다를 바 없다.

모두
한 모금의 물을 잊고 있다.
한 빛의 생명을 모르고 있다.

스스로가 그대로
아는 그것임을 모르고 있다.

"불행하여라, 너희 율법 교사들아!
너희가 지식의 열쇠를 치워 버리고서
너희 자신들도 들어가지 않고
또 들어가려는 이들도 막아 버렸기 때문이다." (루카 11,52)

지식의 열쇠는 무엇인가?
지식의 굴레를 벗는 지혜는 어디에 있는가?

한 모금의 물에 있다.
한 빛의 생명에 있다.

10월 20일 연중 제28주간 금요일
두려워하지 마라
[루카 12,1-7]

초의 불처럼
초가 다하면 불도 다한다.

몸의 의식처럼
몸이 다하면 의식도 다한다.

그래서
몸이 나를 담을 수 없고
의식도 나를 담을 수 없다.

나

나는
찾는 것이 아니라
그대로 아는 것이다.

나 밖에
나 없음을 아는 것이다.

돌멩이의 바수어짐과

나뭇잎의 떨어짐은 다르지 않듯이
별똥이 떨어짐과
몸의 다함도 다르지 않다.

그대로 그것이다.
그대로 한 진리다.

이처럼
두려움도 의식 밖에 있지 않다.
의식의 작용일 뿐이다.
그래서
의식을 이해하면
두려움과 의식을 둘로 보지 않게 된다.
두려움은 설 자리를 잃게 된다.

"참새 다섯 마리가 두 닢에 팔리지 않느냐?
그러나 그 가운데 한 마리도 하느님께서 잊지 않으신다.
더구나 하느님께서는 너희 머리카락까지 다 세어 두셨다.
두려워하지 마라.
너희는 수많은 참새보다 더 귀하다." (루카 12,6-7)

신神을
어디에서 찾는가?

나가
신神의 꽃이다.

두려워하지 마라.

10월 22일 연중 제29주일. 민족들의 복음화를 위한 미사

나는 하늘과 땅의 모든 권한을 받았다
[마태 28,16-20]

진리로 향하는 나가 있고
진리를 담은 나가 있고
진리를 품는 나가 있다.

나를 느낀다는 나가 있고
나는 알 수 없는 나가 있고
비움으로 비움을 알아차리는 나가 있다.

마음에 속하는 나가 있고
마음을 나로 아는 나가 있고
나를 벗어 버린 마음의 나가 있다.

하늘과 땅을 나로 보는 나가 있고
하늘과 땅이 나임을 아는 나가 있고
하늘땅 아래 나 아님이 없음을 아는 나가 있다.

나를 보면서도 나를 보지 못하는 나가 있고
나를 만지면서도 나를 찾고 있는 나가 있고
나 안에 있는데도 나를 보려 하지 않는 나가 있다.

알아야 한다.
깨어나야 한다.

예수님께서 그들에게 다가가 이르셨다.
"나는 하늘과 땅의 모든 권한을 받았다.
그러므로 너희는 가서 모든 민족들을 제자로 삼아
아버지와 아들과 성령의 이름으로 세례를 주고
내가 너희에게 명령한 모든 것을 가르쳐 지키게 하여라.
보라, 내가 세상 끝 날까지 언제나 너희와 함께 있겠다." (마태 28,18-20)

"나는 하늘과 땅의 모든 권한을 받았다."

자비
진리
하늘로부터 내린다.

눈 감음
눈 뜸
하늘로부터 내린다.

이 진리를 이해한다면
이 자비를 이해한다면

두려워할 것이 없다.

"보라, 내가 세상 끝 날까지 언제나 너희와 함께 있겠다."

10월 23일 연중 제29주간 월요일

네가 마련해 둔 것
[루카 12,13-21]

나 '있음'은
나라는 것을 알지 못하는데
나는 나라는 것을 위해 뭔가를 하려고 한다.

빛을 보고 나만의 빛이라 하지 않듯이
나 또한
나만의 나라는 것은 없다.

빛이 만물을 보인다고
빛이 만물을 기른다고
말할 수 있으나
빛이 만물이고
만물이 그대로 빛이다.

나,
나만의 나라는 것은 없다.

하느님께서 그에게 말씀하셨다.
"어리석은 자야, 오늘 밤에 네 목숨을 되찾아 갈 것이다.
그러면 네가 마련해 둔 것은 누구 차지가 되겠느냐?" (루카 12,20)

하나밖에 없다.
자비밖에 없다.
진정
나,
나라는 것은 없다.

10월 24일 연중 제29주간 화요일

혼인 잔치에서 돌아오는 주인
[루카 12,35-38]

숨에 대해 응시한다고 말들 한다.
신神에 대해 명상한다고 말들 한다.

하늘에 대해 사색한다고 말들 한다.
나에 대해 탐구한다고 말들 한다.

그러나
그러나

숨은 알 수 없고
숨을 넘어서지 못한다.

왜일까?

숨을 바라보는 응시 자체가
숨이다.
숨의 행위다.

숨은 숨을 응시하지 않는다.
숨은 숨을 명상하지 않는다.

숨은 숨을 탐구하지 않는다.

진정
깨어 있음은 무엇인가?

모두 숨임을 아는 그것이다.

"혼인 잔치에서 돌아오는 주인이 도착하여 문을 두드리면
곧바로 열어 주려고 기다리는 사람처럼 되어라."(루카 12,36)

혼인 잔치를 마련한 주인
혼인 잔치에 초대한 주인
혼인 잔치에서 돌아오는 주인

아버지가 내신 이 몸
아버지가 보내신 이 몸
아버지가 두드리는 이 몸

모두
모두
아버지의 일이며 아버지의 뜻이다.

모두
모두
아버지의 자비며 아버지의 생명이다.

둘이 될 수 없음을 아는 것
나누일 수 없음을 아는 것

한 자비,
한 생명일 뿐이다.

깨어 있음의 전부다.

10월 25일 연중 제29주간 수요일
제때에 정해진 양식을 내주는 집사
[루카 12,39-48]

빛과 만물
만물과 빛

신과 사람
사람과 신

주인과 집사
집사와 주인

주인의 모습이 집사의 모습일 때
집사의 모습이 주인의 모습일 때

신의 모상이 사람의 모습일 때
사람의 모습이 신의 모상일 때

빛의 모습이 만물의 모습일 때
만물의 모습이 빛의 모습일 때

진리를 아는 깨달음이다.
진리로 깨어 있음이다.

"주인이 자기 집 종들을 맡겨
제때에 정해진 양식을 내주게 할
충실하고 슬기로운 집사는
어떻게 하는 사람이겠느냐?" (루카 12,42)

주인의 이름으로
제때에 정해진 양식을 내주는 것

주인의 이름으로
제때에 주인의 양식을 내주는 것

주인의 이름으로
제때에 주인의 말씀을 따르는 것

아버지의 자비를 아는 깨달음이다.
아버지의 이름으로 깨어 있음이다.

10월 26일 연중 제29주간 목요일

오히려 분열을 일으키러 왔다
[루카 12,49-53]

경험과 경험하는 자(그것)는
하나일까?
둘일까?

세상의 모든 오류는 어디에서 비롯되는가!
세상의 모든 갈등은 어디에서 움터 나는가!
세상의 모든 전쟁은 어디에서 연유하는가!

하늘과 땅 그리고 사람은 하나라고 하면서
진리와 진리를 이는 그것(그이)을 언제까지 둘로 볼 것인가!
생명과 생명을 누리는 그것(그자)을 언제까지 둘로 볼 것인가!

분별分別과 차별差別
우열優劣과 대소大小

나 있음이 그대로 하늘의 경험이다.
하늘의 경험이 그대로 나에게 담긴다.

나라는 관념의 지식을
경험하는 자로

경험하는 그것으로 동일시해서는 안 된다.

"내가 너희에게 평화를 주러 왔다고 생각하느냐?
아니다.
내가 너희에게 말한다.
오히려 분열을 일으키러 왔다."(루카 12,51)

경험자를 만족시키는 것은
진리가 될 수 없다.

경험자를 거짓되게 볼 줄 알 때
스스로가
하늘의 경험임을 안다.

무아無我를 깊이 이해해야 한다.

"내가 너희에게 말한다.
오히려 분열을 일으키러 왔다."

10월 27일 연중 제29주간 금요일
왜 올바른 일을
스스로 판단하지 못하느냐?
[루카 12,54-59]

꽃이 피고 지는 일은
나무의 일인가?
하늘의 일인가?

사람이 나고 죽는 것은
사람의 일인가?
하늘의 일인가?

'나 있음'의 빛은
나만의 빛이 아니다.

'나 있음'의 숨은
나만의 숨이 아니다.

'나 있음'이 하늘이다.
'나 있음'이 땅이다.
'나 있음'이 한 꽃이며 무한한 별들이다.

나 있음은

소유로 채워짐도 아니며
관념의 지식으로 알게 됨도 아니다.

나 있음이
그대로 도道다.
그대로 자비다.

나 있음은
나 개인에 속할 수 없으며
나 개인을 알지 못한다.

지혜의 요지要旨다.

"왜 올바른 일을 스스로 판단하지 못하느냐?"(루카 12,57)

거짓은
나만의 판단에 서는 것이다.
나만의 상相에 갇히는 것이다.
나만의 지식을 나로 동일시하는 것이다.

진실은
텅 빈 비움으로 나 있음을 이해함이다.
하늘의 일과 나 있음의 일을 둘로 보지 않음이다.

하늘은 스스로 하늘의 길을 간다.
하늘은 스스로 하늘의 일을 한다.

"왜 올바른 일을 스스로 따르지 못하느냐?"

10월 29일 연중 제30주일

말문을 막아 버리셨다
[마태 22,34-40]

의식이
몸과 욕구를 따라다니면
결국 몸과 욕구의 상像에 갇힌다.

의식이
전통과 관습을 따라다니면
결국 전통과 관습의 상像에 갇힌다.

의식이
수도修道와 깨달음을 좇다 보면
결국 수도와 깨달음의 상像에 갇힌다.

의식의 본향은 텅 빔이다.

의식은
전체 생명의 꽃이며 향기이고
전체 진리의 시간이며 공간이다.

나만의 의식은 없다.
나라고 여겨지는 그런 의식은 없다.

나만의 몸도 없다.
나만의 말도 없다.

"예수님께서 사두가이들의 말문을 막아 버리셨다."(마태 22,34-40)

천지의 생명이
꽃송이에 가득하듯
천지의 생명이
말문을 열게 한다.

천지의 진리가
말문을 있게 한다.

10월 30일 연중 제30주간 월요일

너는 병에서 풀려났다
[루카 13,10-17]

하늘은
묶일 수 없듯이
땅도
묶일 수 없다.

나도
본디
묶이지 않는다.

그런데
이름으로 나를 묶는다?
모습으로 나를 묶는다?

돈으로 나를 묶는다?
지식으로 나를 묶는다?

나는
그 무엇으로도 묶일 수 없다.
묶으려 듦이
속박이며 병마病魔이고 지식의 관념이다.

마침 그곳에 열여덟 해 동안이나 병마에 시달리는 여자가 있었다.
그는 허리가 굽어 몸을 조금도 펼 수가 없었다.
예수님께서는 그 여자를 보시고 가까이 부르시어
"여인아, 너는 병에서 풀려났다" 하시고, 그 여자에게 손을 얹으셨다.
그러자 그 여자가 즉시 똑바로 일어서서 하느님을 찬양하였다.

(루카 13,11-13)

하늘 아래 하늘을 벗어난 것이 있는가!
하늘 아래 하늘을 머금고 있지 않은 것이 있는가!

하늘은 그대로 생명이다.
하늘은 그대로 나 있음이다.

나는
지식의 관념 속에
갇힐 수 없다.
묶일 수 없다.

나는
늘
그대로
텅 빔이다.

10월 31일 연중 제30주간 화요일

하느님의 나라를 무엇에 비길까?
[루카 13,18-21]

하느님의 나라를
경험할 수 있다고 보는가?

하느님의 나라에 들어가는 은총이
누군가에게 따로 주어진다고 보는가?

하늘과 땅을
저 홀로 경험했다 말하는 사람이 있던가?

물고기가 바다를 경험했다고 말하면 무어라 말할 것인가?
새가 하늘을 경험했다고 말하면 무어라 말할 것인가?

빛은 침묵한다.
생명은 침묵한다.
자비는 침묵한다.

쉽게 경험했노라 말하지 말라.
쉽게 경험한다 말하지 말라.
쉽게 경험할 거라 말하지 말라.

그냥 존재할 뿐이다.
그냥 숨 쉴 뿐이다.

그저 감사할 뿐이다.
그저 머물 뿐이다.

"하느님의 나라를 무엇에 비길까?
그것은 누룩과 같다.
어떤 여자가 그것을 가져다가 밀가루 서 말 속에 집어넣었더니
마침내 온통 부풀어 올랐다." (루카 13,20)

생명의 진리는 어디에 있을까!
생명의 누룩은 어디에 있을까!

아버지의 이름으로 깨어 있는
아버지의 이름으로 머무는
아버지의 자리, 아버지의 행위가
아버지의 자비다.
하느님의 나라다.

"밀가루 서 말 속에 집어넣었더니
마침내 온통 부풀어 올랐다."

11월 1일 모든 성인 대축일

행복
[마태 5,1-12]

행복은
스스로 알아차리는 진리의 밝힘이요
스스로 알아차린 하늘의 마음이다.

행복은
그대로
지혜의 마음이다.

행복은
그대로
나 없음의 자각이다.

먼 산의 무지개처럼
하늘땅의 생명을 나로 본다.

둥둥 떠다니는 구름처럼
무無의 눈으로 지금 여기를 본다.

아무것도 없다.
아무 할 것도 없다.

나
그대로
가득함을
나로 봄이다.

"행복하여라, 마음이 가난한 사람들!
하늘나라가 그들의 것이다."(마태 5,3)

11월 2일 위령의 날

기뻐하고 즐거워하여라
[마태 5,1-12]

나 자신이 개입되면 만사가 경험이나
나 없음을 깨달으면 만사가 은총이다.

경험의 주체를 나 자신으로 여기는 한
끊임없이 경험의 늪에 빠질 뿐이다.
끊이지 않는 고苦의 길에 놓인다.

마음은
본디
텅 빈 무無다.
그 무엇에도 빼앗길 게 없는
텅 빈 가난이다.

나무가
나무의 꽃을
경험한다고 보는가!

나무가
나무의 열매를
먹던가!

무無와 깨어 있음은 한통속이다.
나와 마음도 한통속이다.

"기뻐하고 즐거워하여라.
너희가 하늘에서 받을 상이 크다."(마태 5,12)

11월 3일 연중 제30주간 금요일
그의 손을 잡고
[루카 14,1-6]

'앓음'

몸의 앓음인가?
의식의 짓누름인가?

'나음'

몸의 나음인가?
의식의 되찾음인가?

'풀림'

몸의 풀림인가?
의식의 회개인가?

나 앞에 병이 있다.
나 앞에 고통이 있다.
나 앞에 속박이 있다.

나 앞에 나가 있다.

나 앞에 사랑이 있다.
나 앞에 자비가 있다.

예수님께서는
그의 손을 잡고 병을 고쳐서 돌려보내신 다음
그들에게 말씀하셨다.
"너희 가운데 누가 아들이나 소가 우물에 빠지면
안식일일지라도 바로 끌어내지 않겠느냐?"
그들은 이 말씀에 아무 대답도 하지 못하였다.(루카 14,4-6)

병듦은
병든 자에게 있는 것이 아니다.
병듦은
병든 의식에 있는 것이다.

11월 5일 연중 제31주일

자신을 낮추는 이
[마태 23,1-12]

사람의 언어는 경험의 지식에 기반基盤하고
자연의 언어는 전체의 생명에 기저基底한다.

사람의 지식이 표현하는 언어 양식 중
지식을 빌린 언어의 세계는 관념과 욕구의 지식이 다반시다.

나가 나에게 들려주는 소리,
나가 나에게 울려 주는 울림은
지식 안에 담길 수 없다.

자신을 낮춤은
존재 자체가 전체 진리와 하나임을 앎이다.

파릇한 잎의 생명에서
나의 모습을 본다.

흙먼지 바람에서
나의 본향을 본다.

자신을 낮춤은

나 안의 나의 지식에 머물지 않고
나 너머 나의 가득함에 머무름이다.

지식에서 형성된 말
율법으로 다듬어진 말

던져진 그물이지 생명의 바다가 아니다.

"율법 학자들과 바리사이들은 모세의 자리에 앉아 있다.
그들은 말만 하고 실행하지는 않는다.
누구든지 자신을 높이는 이는 낮아지고
자신을 낮추는 이는 높아질 것이다." (마태 23,2.3.12)

자신이 자신을 낮출 수 있다 여긴다면
위선이다.

자신이 자신을 낮출 수 없음을 앎이
낮춤이다.

아버지의 이름을 벗어난 낮춤은 있을 수 없다.

아버지의 자비뿐이다.

11월 6일 연중 제31주간 월요일

보답
[루카 14,12-14]

나 있음의 모두는
하늘에 속한다.

나 있음의 이유
나 있음의 뜻
모두가
하늘에 담겨 있다.

하늘의 마음이요
하늘의 숨이며
하늘의 하늘이다.

하여
나에게
나 자신이라는 것은 없다.

하여
나에게
나의 보답이라는 것도 없다.

"네가 잔치를 베풀 때에는 오히려
가난한 이들, 장애인들, 다리 저는 이들, 눈먼 이들을 초대하여라.
그들이 너에게 보답할 수 없기 때문에 너는 행복할 것이다.
의인들이 부활할 때에 네가 보답을 받을 것이다."(루카 14,13-14)

보답과 응답은 하나다.

아멘의 응답이
자비의 보답이다.

11월 7일 연중 제31주간 화요일
내 잔치 음식
[루카 14,15-24]

나는
하늘을 경험하는 자가 아니다.
하늘의 경험 안에 나의 무無를 아는 자다.

머리카락 한 올의 경험처럼
나 있음의 경험도 다를 바 없다.

하늘이 베푸는 잔치는 하늘이 주인이다.
하늘이 베푸는 자비가 지금 여기의 나다.

하늘나라의 잔치 음식은
하늘이 내린 생명이며 하늘의 몸짓이다.

"큰길과 울타리 쪽으로 나가
어떻게 해서라도 사람들을 들어오게 하여
내 집이 가득 차게 하여라.'
내가 너희에게 말한다.
처음에 초대를 받았던 그 사람들 가운데에서는
아무도 내 잔치 음식을 맛보지 못할 것이다."(루카 14,23-24)

삶이
아버지의 잔치 음식이다.
깨어 있음이
잔치 음식을 먹음이다.

11월 8일 연중 제31주간 수요일

자기 소유
[루카 14,25-33]

나를 자기 소유로 알 때
자기 소유를 나로 알 때
나는 나를 잃어버린다.
하늘은 하늘을 감춰 버린다.

나는
바다 위를 떠다니는 배가 아니다.
나는
그대로 바다다.

봄과 여름을
가을과 겨울을
맞이하고 보내고

생로병사라는 자연의 순리도
텅 빈 마음의 한 빛으로 굽어본다.

나는
소유할 것이 없다.
기뻐하고 즐거워할 것밖에 없다.

몽땅 하늘의 향연이기에 그렇다.

"너희 가운데에서
누구든지 자기 소유를 다 버리지 않는 사람은
내 제자가 될 수 없다."(루카 14,33)

나 그대로가 기쁨이며 감사다.
나 그대로가 즐거움이며 평화다.

나가 짊어질 십자가는
오직 아버지 자비밖에 없다.
오직 아버지 지혜밖에 없다.

11월 9일 라테라노 대성전 봉헌 축일

이것들을 여기에서 치워라
[요한 2,13-22]

씨알이 싹을 움터 내고
빗방울이 땅의 생명과 맞닿음,
이보다 아름다운 진리는 없다.

성전 돌담을 파릇함으로 물들이는
담쟁이넝쿨보다 살아 있는 외침은 없다.

돌로 쌓아 올린 성전은
욕망으로 쌓아 올린 성전은
자칫 돌무덤이 될 수 있다.
자칫 돌 감옥이 될 수 있다.

사람의 셈법으로 짓는 것은
성전이 아니다.

하늘이 내린 성전은
하늘의 도道이고
하늘의 자비에 깨어 있음이다.

살아 있는 성전은 한정된 공간의 건물이 아니다.

풀잎에 맺힌 이슬방울 안에 비움의 성전이 있고
발에 밟힌 잡초 안에 자비의 성전이 있다.

"이것들을 여기에서 치워라.
내 아버지의 집을 장사하는 집으로 만들지 마라."(요한 2,16)

11월 10일 성 대 레오 교황 학자 기념일

당신은 얼마를 빚졌소?
[루카 16,1-8]

자아가 무엇인지
세상이 무엇인지
신이 무엇인지
올바로 이해했다면
하늘로부터 진 빚을 벗은 것이다.

하늘과 나를 둘로 나눔은
진리에 대한 빚이다.

남을 나의 지식으로 분별함은
자비에 대한 빚이다.

애벌레와 사람을 구분 지음은
생명에 대한 빚이다.

사람만이 뭔가 특별난 일을 하고 있다고 여기는 것은
자연에 대한 빚이다.

빚은
거짓을 나로 동일시함이다.

"이어서 다른 사람에게 '당신은 얼마를 빚졌소?' 하고 물었다.
그가 '밀 백 섬이오' 하자, 집사가 그에게
'당신의 빚 문서를 받아 여든이라고 적으시오' 하고 말하였다."(루카 16,7)

탕감과 은총은 하나다.
밀 백 섬이 밀 여든 섬으로 되듯이
사람이 사랑으로 변모됨이 회개다.

11월 12일 연중 제32주일
한밤중에 외치는 소리가 났다
[마태 25,1-13]

도道는
찾는 것이 아니다.

도道는
아는 것이며
아는 그것이다.

도道는
나 안에, 나 밖에, 나 너머에 따로 있지 않다.
도道 아닌 것이 없기에 도道다.

하여
노자老子는 '마음이 곧 도道다'(心卽道)라고 이르지 않던가!

하여
마음이 곧 하늘의 혼인 잔치이고
마음이 곧 하늘나라이며
마음이 곧 깨어 있음의 전체 진리이며
마음이 곧 생명의 빛이며 여여如如한 자비다.

한밤중에 외치는 소리가 났다.
"신랑이 온다. 신랑을 맞으러 나가라." (마태 25,6)

마음은 신랑으로 가득하고
신랑은 하늘의 혼인 잔치를 알린다.

마음은 신랑에 온전히 속하고
신랑은 신랑의 마음을 흔들어 깨운다.

"한밤중에 외치는 소리가 났다."

'한밤중에'

절대 믿음
절대 비움
절대 가난

'외치는 소리가 났다'

님은
마음의 신랑으로 다가온다.

마음은
님을 신랑으로 맞이한다.

11월 13일 연중 제32주간 월요일

회개와 용서
[루카 17,1-6]

용서하지 않는 이는
회개하지 않는 이와
다를 바 없고

회개하지 않는 이는
용서하지 않는 이와
다를 수 없다.

회개했다면서 용서할 수 없다는 이나
용서했다면서 회개를 못하는 이는
다르지 않다.

참된 용서보다 더한 회개는 없다.

용서가 따르지 않는 회개는
경험의 지식과 타협함이다.

회개는 나 없음을 자각함이다.
용서는 나 없음을 고백함이다.

"그가 너에게
하루에도 일곱 번 죄를 짓고 일곱 번 돌아와
'회개합니다' 하면, 용서해 주어야 한다."(루카 17,4)

빛은 그대로
하늘의 세계를 연다.

용서는 그대로
회개의 마음을 연다.

11월 14일 연중 제32주간 화요일

종
[루카 17,7-10]

복음에서의 종은
신분의 귀천을 뜻함이 아니다.
종살이의 종을 뜻하지 않는다.

복음에서의 종은

하늘의 새처럼
나무의 꽃처럼
물의 물고기처럼

아버지의 자비며
아버지의 숨이며
아버지의 몸이다.

복음에서의 종은

말함과 들음처럼
바라봄과 보임처럼
들숨과 날숨처럼

자비의 보임이고
자비의 일이고
자비의 모습이다.

"저희는 쓸모없는 종입니다. 해야 할 일을 하였을 뿐입니다"
하고 말하여라.(루카 17,10)

쓸모없는 종입니다.

자비의 텅 빈 그릇입니다.
자비의 텅 빈 마음입니다.
자비의 모든 것입니다.

11월 15일 연중 제32주간 수요일

몸을 보여라
[루카 17,11-19]

병은
몸을 움츠리게 하고
마음을 갇히게 한다.

죄도
몸을 움츠리게 하고
마음을 갇히게 한다.

구속의 덩어리, 망념의 덩어리가
병이다.
속박의 덩어리, 거짓의 덩어리가
죄다.

하여
병과 죄는 전체적으로 깊이 이해되어야 한다.

본디 나는 병이 아니다.
본디 나는 죄가 아니다.

욕망의 멍에에서 헤어나지 못함이나

병의 고통에서 벗어나지 못함이나
의식의 차원에선 다르지 않다.

몸과 마음이 병을 벗어던지고
몸과 마음이 죄를 벗으면
몸과 마음은 자비의 자리로 돌아간다.

예수님께서 그들을 보시고
"가서 사제들에게 너희 몸을 보여라" 하고 이르셨다.
그들이 가는 동안에 몸이 깨끗해졌다.(루카 17,14)

몸을 보임은
자비를 보임이다.

몸이 깨끗해짐은
자비의 생명을 보임이다.

11월 16일 연중 제32주간 목요일
이 세대에게 배척을 받아야 한다
[루카 17,20-25]

빛을 배척하는 생명체는 없다.
물을 배척하는 자연도 없다.

그런데 왜?

지식은 진리를 배척하는 걸까!
지식은 하늘마저도 지식의 문자로 옮기려 할까!

"번개가 치면 하늘 이쪽 끝에서 하늘 저쪽 끝까지 비추는 것처럼
사람의 아들도 자기의 날에 그러할 것이다.
그러나 그는 먼저 많은 고난을 겪고
이 세대에게 배척을 받아야 한다."(루카 17,24-25)

배척을 받는다는 것은
지식의 온갖 거짓이 드러남이다.
지식 놀이에 숨겨진 탐욕이 밝혀짐이다.

지혜의 말씀은 번개와 같다.
거짓된 만상萬象의 어둠은 한순간에 스스로 소멸한다.
어둠은 빛을 삼킬 수 없다.

깨어나야 한다.
본디
빛의 나를 보아야 한다.

11월 17일 헝가리의 성녀 엘리사벳 수도자 기념일

노아가 방주에 들어가는 날까지
[루카 17,26-37]

불행의 원인은
내가 행하는 일들이 나의 복을 가져다준다고 여길 때
내가 벌어들인 돈이 나의 복을 지켜 준다고 신봉할 때
내가 보인 업적이 나와 세상을 변화시킬 수 있다고 확신할 때다.

회개는
즉시 내려놓음이다.
나라고 간주하는 모든 것을.

회개는
즉시 알아차림이다.
오직 하늘의 일이며 자비의 일뿐임을.

회개는
즉시 깨달음이다.
나 없음의 자각이 그대로 모두임을.

"사람의 아들의 날에도 노아 때와 같은 일이 일어날 것이다.
노아가 방주에 들어가는 날까지
사람들은 먹고 마시고 장가들고 시집가고 하였는데

홍수가 닥쳐 그들을 모두 멸망시켰다."(루카 17,27)

방주는 하늘의 혼인 잔치다.
방주에 들어감은 하늘의 진리에 듦이다.

11월 19일 연중 제33주일

재산
[마태 25,14-30]

하늘이 내린 재산을 어디에 숨겨 두었소?
하늘이 내린 재산이 무엇인지는 알고 있소?
하늘이 내린 재산을 헤아려 본 적은 있소?

무엇을 나의 재산이라 붙들고 있소?
나의 재산을 무엇으로 셈하오?
죽음도 나의 재산이라 말할 수 있소?

나마저 나의 재산에 포함된다고 보오?
이웃마저 나의 재산에 포함시키고 있소?
하늘의 별도 나의 재산에 포함된다 생각하오?

눈 감아 봅니다.
무엇이 보입니까?
재산입니까, 텅 빈 어둠입니까!

"하늘나라는
어떤 사람이
여행을 떠나면서
종들을 불러

재산을 맡기는 것과 같다."(마태 25,14)

하늘은 하늘을 맡겨 주었고
땅은 땅을 맡겨 주었고
물은 물을 맡겨 주었다.

숨은 숨을 맡겨 주었고
진리는 진리를 맡겨 주었고
자비는 자비를 맡겨 주었다.

하늘이 내린 재산을 헤아려야 한다.
하늘이 내린 자비에 머물러야 한다.

하여
깨달음보다 더 큰 재산은 없다.

11월 20일 연중 제33주간 월요일

다시 보아라
[루카 18,35-43]

"예수님께서 예리코에 가까이 이르셨을 때의 일이다.
어떤 눈먼 이가
길가에 앉아 구걸하고 있다가
군중이 지나가는 소리를 듣고
무슨 일이냐고 물었다." (루카 18,35-36)

어떤 눈먼 이가 길가에 앉아 구걸하는 모습이나
어떤 수행자가 이리저리 떠돌며 스승을 찾아 헤매는 모습이나
어떤 아버지가 집에 돌아오지 않는 아들을 기다리며
길가를 배회하는 모습은 다를 수 없다.

진리에 목말라하는 이들을 외면하는 이들은 누구인가?
찾아온 이들을 다시금 길가로 몰아낸 이들은 누구인가?
다가온 이들을 더 눈멀게 하는 이들은 누구인가?

자연은
자연의 사람에게
자연의 풀씨와 열매를 내어 주는데
사람은
하늘의 사람에게

속박의 멍에와 구속의 짐을 안겨 주고 있다.

예수님께서 그에게 물으셨다.
"내가 너에게 무엇을 해 주기를 바라느냐?"
그가 "주님, 제가 다시 볼 수 있게 해 주십시오" 하였다.
예수님께서 그에게
"다시 보아라. 네 믿음이 너를 구원하였다" 하고 이르시니
그가 즉시 다시 보게 되었다.
그는 하느님을 찬양하며 예수님을 따랐다. (루카 18,40-43)

"다시 보아라."

나는 나를
다시 보아야 한다.

너도 나를
다시 보아야 한다.

나는 너를
다시 보아야 한다.

너도 너를
다시 보아야 한다.

11월 21일 복되신 동정 마리아의 자헌 기념일
내 어머니고 내 형제들
[마태 12,46-50]

나와 나의 지식이 함께한다고 보는가?
나가 나의 지식을 살찌울 수 있다고 보는가?

냉엄하게 깨어 있어야 한다.

본연의 나는 나라는 지식의 관념에 갇힐 수 없음을.
본래의 나는 나라는 지식과 수평적 관계가 될 수 없음을.

행복은
나라는 지식의 살찌움에 있지 않다.
지복至福은 숨 끝에 있다.

천년의 꿈을 모아 본들 한낱 꿈이다.
지식의 살찌움도 그와 같다.
나라는 지식에 갇혀 허송세월하지 말라.

하늘이 내린 나를 직시해야 한다.
하늘의 나는 주워 모은 지식과 아무런 상관이 없다.

당신의 제자들을 가리키시며 이르셨다.

"이들이 내 어머니고 내 형제들이다.
하늘에 계신 내 아버지의 뜻을 실행하는 사람이
내 형제요 누이요 어머니다." (마태 12,49-50)

아버지의 뜻에 머묾이
아버지의 나를 깨닫게 한다.

아버지의 뜻에 머묾이
아버지의 형제요
아버지의 누이요
아버지의 어머니다.

자비는 자비 밖을 모른다.
진리는 진리 밖을 모른다.
아버지는 아버지 밖을 모른다.

만물이
자비의 보임이다.
자비의 뜻이다.

11월 22일 성녀 체칠리아 기념일
주인님의 한 미나로
[루카 19,11-28]

살아 있음의 있음은
그대로
하늘이며 하늘의 빛이다.

살아 있음의 있음은
그대로
하늘이며 하늘이 내린 한 미나다.

살아 있음의 있음은
결코
나 자신의 이름과 모습에 담길 수 없다.

살아 있음의 있음을
나 자신의 이름과 모습으로 동일시하는 순간
수많은 지식의 축적에 모두를 탕진하게 된다.

바로
하늘이 내린 한 미나를
'수건에 싸서 보관'(20절)하는 꼴이 된다.

"다른 종은 와서 이렇게 말하였다.
'주인님, 주인님의 한 미나가 여기에 있습니다.
저는 이것을 수건에 싸서 보관해 두었습니다.
주인님께서 냉혹하신 분이어서 가져다 놓지 않은 것을 가져가시고
뿌리지 않은 것을 거두어 가시기에
저는 주인님이 두려웠습니다.'"(루카 19,20-21)

하느님 나라의 씨알은
살아 있음의 '있음'이다.

하느님의 나라는
아버지의 숨이 머무는
아버지의 집이다.

"예수님께서는 비유 하나를 말씀하셨다.
예수님께서 예루살렘에 가까이 이르신 데다
사람들이
하느님의 나라가 당장 나타나는 줄로 생각하고 있었기 때문이다."
(루카 19,11)

하느님의 나라는 나타나는 것이 아니다.
하느님의 나라는 깨닫는 것이다.

11월 23일 연중 제33주간 목요일

지금 네 눈에는 그것이 감추어져 있다
[루카 19,41-44]

분열의 죄는
나 있음을
나 자신의 것으로 간주하는
몰이해에서 온다.

깨달음의 빛은
무위無爲의 행위를 무위로 알아차림이다.
사랑의 평화는
무위의 행위에 무위로 깨어 있음이다.
죽음의 무無는
무위의 행위에 무위로 잠김이다.

나 있음은 그대로 무위의 하늘이다.
나 있음은 그대로 무위의 행위다.

분열의 죄는
인위人爲의 지식인 인위의 상想을 나로 간주함이다.
나 있음을 개별 자아로 여기는 것 자체가 분열이다.

예수님께서 예루살렘에 가까이 이르시어

그 도성을 보고 우시며 말씀하셨다.
"오늘 너도 평화를 가져다주는 것이 무엇인지 알았더라면 …!
그러나 지금 네 눈에는 그것이 감추어져 있다."(루카 19,42)

자비의 행위를
나로 바라볼 줄 아는
지혜의 눈 안에
자비의 은총과 평화가 있다.

11월 24일 성 안드레아 둥락 사제 기념일
나의 집은 기도의 집
[루카 19,45-48]

몸이 숨의 그릇이듯
성전은 마음의 그릇이다.

바다가 물고기의 품이듯
성전은 마음의 품이다.

성전에
아버지의 자비가 없다면
아버지의 말씀이 없다면
돌덩어리 겉치레에 불과하다.

기도는
말씀을 마심이며
자비를 삼킴이다.
아버지의 지체임을 깨닫는 은총이다.

예수님께서 성전에 들어가시어
물건을 파는 이들을 쫓아내기 시작하시며
그들에게 말씀하셨다.
"'나의 집은 기도의 집'이 될 것이다'라고 기록되어 있다.

그런데 너희는 이곳을 '강도들의 소굴'로 만들어 버렸다."(루카 19,45-46)

교회는
종교 지도자들이 쳐 놓은
탐욕의 그물망이 아니다.

교회는
백성의 하늘이 모여
하늘의 말씀을 듣는 곳이다.

11월 26일 그리스도 왕 대축일

세상 창조 때부터
너희를 위하여 준비된 나라
[마태 25,31-46]

하늘은
보는 듯해도 볼 수 없고
느끼는 듯해도 느낄 수 없고
알 듯해도 알 수 없지만
하늘 아닌 것이 없음에 눈뜨게 한다.

그래서

마음에서 나를 주우려 하면 하늘나라는 감추어지고
하늘에서 나를 만들려 하면 하늘나라는 숨고 만다.

그런데

마음이 그대로 하늘임을 깨닫게 될 때
하늘이 그대로 자비임을 알게 될 때
나 밖에 하늘나라가 있지 않음을
하늘나라 밖에 나가 있을 수 없음을
통각統覺하게 된다.

그래서
마음은 가난해지거나 부유해지는 것이 아니다.
그래서
마음은 고요해지거나 시끄러워지는 것이 아니다.

그처럼
마음은 나라는 이름과 모습에 영향받지 않는다.
그처럼
마음은 나 없음의 텅 빔에 하늘나라를 안긴다.

"내 아버지께 복을 받은 이들아,
와서
세상 창조 때부터 너희를 위하여 준비된 나라를 차지하여라.
너희는
내가 굶주렸을 때에 먹을 것을 주었고
내가 목말랐을 때에 마실 것을 주었으며
내가 나그네였을 때에 따뜻이 맞아들였다.
또
내가 헐벗었을 때에 입을 것을 주었고
내가 병들었을 때에 돌보아 주었으며
내가 감옥에 있을 때에 찾아 주었다.
너희가 내 형제들인 이 가장 작은 이들 가운데
한 사람에게 해 준 것이
바로 나에게 해 준 것이다." (마태 25,34-36.40)

빛을 쪼갤 수 없듯이

자비도 분별할 수 없다.

빛을 머금은 만물처럼
자비 밖의 그 무엇도 있을 수 없다.

하늘이 그대로 하늘나라이듯
사람도 그대로 하늘나라이다.

"세상 창조 때부터 너희를 위하여 준비된 나라를 차지하여라."

11월 27일 연중 제34주간 월요일

헌금
[루카 21,1-4]

나를 드리는 것
나를 내어 주는 것
나를 되돌리는 것

자비의 사랑을 따르는 것
자비의 진리에 머무는 것
자비의 생명과 함께하는 것

손에 쥐어진 것은 호주머니 돈이 아니다.
손에 쥐어진 것은 사랑과 믿음이다
손에 쥐어진 것은 아버지의 자비다.

"내가 참으로 너희에게 말한다.
저 가난한 과부가 다른 모든 사람보다 더 많이 넣었다.
저들은 모두 풍족한 데에서 얼마씩을 예물로 넣었지만
저 과부는 궁핍한 가운데에서 가지고 있던 생활비를
다 넣었기 때문이다."(루카 21,3-4)

생활비는
살리는 돈이다.

헌금은
기부금이 아닌 살리는 돈이어야 한다.
자비의 자선이 되어야 한다.

11월 28일 연중 제34주간 화요일
속는 일이 없도록 조심하여라
[루카 21,5-11]

나는
나의 소리를 어떻게 듣는가?

생각의 소리를
나의 소리로 듣는가?

나는
자연의 소리를 어떻게 듣는가?

자연의 소리를
나의 소리로 듣는가?

나는
침묵의 소리를 어떻게 듣는가?

침묵의 소리를
나의 소리로 듣는가?

나는
진리의 소리를 어떻게 듣는가?

진리의 소리를
나의 소리로 듣는가?

나는
나에게 던지는 소리가 없다.

나는
나의 소리를 지니고 있지 않다.

나는
나 아닌 나가 없기에
나는
나밖에 나가 없기에
나다.

나는
모든 소리를 내고
모든 소리를 듣는다.

"속는 일이 없도록 조심하여라." (루카 21,8)

11월 29일 연중 제34주간 수요일

내 이름 때문에
[루카 21,12-19]

꽃의 이름도
사람을 위하여 붙여지듯
아버지의 이름도
사람을 위하여 내려온다.

꽃의 꺾임도
사람을 위하여 꺾이듯
아버지의 이름도
사람을 위하여 매달린다.

아버지의 자비 아님이 없듯이
아버지의 이름 안에 머물지 않는 것은 없다.

나 있음이
아버지의 이름이다.

나 숨 쉼이
아버지의 이름이다.

나 텅 빔이

아버지의 이름이다.

아버지 자비밖에 없다.
아버지 이름밖에 없다.

예수님께서 제자들에게 말씀하셨다.
"사람들이 너희에게 손을 대어 박해할 것이다.
너희를 회당과 감옥에 넘기고
내 이름 때문에 너희를 임금들과 총독들 앞으로 끌고 갈 것이다.
이러한 일이 너희에게는 증언할 기회가 될 것이다."(루카 12,12-13)

태어남과 삶
그리고
죽음의 모든 것도
오직
아버지의 이름 안에 있다.

그저
기뻐하고 즐거워하라.

잃는 것도 얻는 것도 없다.
오직
아버지의 이름뿐이다.

11월 30일 성 안드레아 사도 축일
배와 아버지를 버려두고
[마태 4,18-22]

버림은
버림이 아니라
비움이다.

버림은
버림이 아니라
넘어섬이다.

버림은
버림이 아니라
님을 모심이며 따름이다.

잠들기 위하여 이불을 펴듯
깨닫기 위하여 마음을 접는다.

버림은
응답이다.

버림은
비움이다.

"예수님께서 다른 두 형제,
곧 제베대오의 아들 야고보와 그의 동생 요한이
배에서 아버지 제베대오와 함께
그물을 손질하는 것을 보시고 그들을 부르셨다.
그들은 곧바로 배와 아버지를 버려두고 그분을 따랐다."(마태 4,21-22)

배와 아버지는
존재의 방식과 존재 이유다.

따라서
배와 아버지를 버림은
존재의 방식과 존재 이유 모두가
하느님 자비에 속함을 깨달음이다.

12월 1일 연중 제34주간 금요일
저절로 알게 된다
[루카 21,29-33]

씨알에
생명이 담김도
씨알이
싹으로 돋아남도
씨알이
나무 되어 꽃이 피고 열매 맺음도
모두가 저절로다.

하늘이 내린 자연은
하늘의 생명 길을 저절로 열어 간다

사람만이
무위의 진리 속에
'나'가 있음을 모른다.

비움의 자각이
은총의 샘이다.

비움의 쉼은
하늘 진리에 모두를 맡김이다.

'저절로'에 아멘의 진리가 있음을 받아들임이다.

"무화과나무와 다른 모든 나무를 보아라.
잎이 돋자마자, 너희는 그것을 보고
여름이 이미 가까이 온 줄을 저절로 알게 된다.
이와 같이 너희도 이러한 일들이 일어나는 것을 보거든
하느님의 나라가 가까이 온 줄 알아라."(루카 21,30-31)

저절로 알게 됨은
저절로 깨닫게 하는
하늘의 섭리다.

하늘이 보인
하늘이 내린
저절로의 생명 길이
영원히 변치 않는
하느님의 나라다.

12월 3일 대림 제1주일
먼 길을 떠나는 사람
[마르 13,33-37]

내신 주인은 내신 일을 하고
오신 주인은 오신 일을 하고
떠날 주인은 떠날 일을 한다.

종은
경험자의 입장이 될 수 없다.

종은
주인의 경험이다.

경험과 경험자
모두
주인에게 속한다.

깨어 있음의 진리다.
살아 있음의 뜻이다.

"깨어 있어라.
집주인이 언제 돌아올지
저녁일지, 한밤중일지, 닭이 울 때일지, 새벽일지

너희가 모르기 때문이다.
주인이 갑자기 돌아와
너희가 잠자는 것을 보는 일이 없게 하여라.
내가 너희에게 하는 이 말은 모든 사람에게 하는 말이다.
깨어 있어라."(마르 13,35-37)

종의 속성은
텅 빈 비움이다.

종의 유일한 몫은
깨어 있음이다.

12월 4일 대림 제1주간 월요일
이런 믿음을 본 일이 없다
[마태 8,5-11]

꽃잎을 나무와 다른 개체 생명으로 볼 수 없듯이
나무를 거대한 산과 다른 개별 생명으로 볼 수 없듯이
거대한 산을 우주의 모습과 다른 특정 모습으로 볼 수 없듯이

나와 너도
주인과 종도
남편과 아내도
부모와 자식도
모두
하늘의 한 지체에 속한다.

하늘의 생명을 따름이
자비의 품에 머무름이
깨어 바라보는 깨어 있음
모두가
하늘 아래 한 진리를 뜻한다.

예수님께서 카파르나움에 들어가셨을 때에
한 백인대장이 다가와 도움을 청하였다.
그가 이렇게 말하였다.

"주님, 제 종이 중풍으로 집에 드러누워 있는데
몹시 괴로워하고 있습니다."
(마태 8,5-6)

종의 괴로움을
나의 괴로움으로 껴안는 사랑

종의 중풍을
나의 중풍으로 받아들이는 사랑

사랑은
모두에게서
아버지의 자비를 봄이다.

믿음은
모두에게서
아버지의 섭리를 봄이다.

"내가 진실로 너희에게 말한다.
나는 이스라엘의 그 누구에게서도
이런 믿음을 본 일이 없다." (마태 8,10)

믿음은
응답이다.

아버지 자비에 대한

응답이다.

"내가 너희에게 말한다.
많은 사람이 동쪽과 서쪽에서 모여 와
하늘나라에서 아브라함과 이사악과 야곱과 함께
잔칫상에 자리 잡을 것이다." (마태 8,11)

12월 5일 대림 제1주간 화요일

보는 것을 보는 눈
[루카 10,21-24]

살아 있음이 자비이듯
보는 것도 자비요
보는 눈도 자비다.

나와 세상은 따로일 수 없다.
나와 숨도 나누일 수 없다.

그런데 왜?
나를 한 개인으로 여기는가!

그런데 왜?
나를 한 몸뚱어리로 보는가!

그런데 왜?
나를 한 이름 안에 두는가!

보는 것,
보는 그것은
나라는 나 너머의 빛이다.
나라는 나 너머의 도道다.

"너희가 보는 것을 보는 눈은 행복하다."(루카 10,23)

하늘은
돌멩이 하나,
풀 한 포기에 가득하다.

12월 6일 대림 제1주간 수요일

굶겨서 돌려보내고 싶지 않다
[마태 15,29-37]

먹지 못하는 배고픔이 있고
먹을 수 없는 배고픔이 있고
없어 못 먹는 배고픔이 있다.

진리에 대한 목마름도 같다.

알아듣지 못해 오는 목마름이 있고
자기 안에 갇힌 자만에서 오는 목마름이 있고
만나 뵙지 못해 오는 목마름이 있다.

스승은
듣지 못하는 자에게 마음의 열림을,
목말라하는 자에게 구원의 진리를,
그리고
곁에 머물면서도 당신을 받아들이지 못하는 이에게는
자신의 살과 피를 몸소 먹여 준다.

빛은
빛으로 빛의 길을 연다.
자비는

자비로 자비의 길을 연다.

"저 군중이 가엾구나.
벌써 사흘 동안이나 내 곁에 머물렀는데 먹을 것이 없으니 말이다.
길에서 쓰러질지도 모르니 그들을 굶겨서 돌려보내고 싶지 않다."
(마태 15,32)

가엾게 여기는 마음
당신 자신으로 대하는 마음

빛은
빛으로 빛에 눈뜨게 한다.
자비는
자비로 자비에 들게 한다.

12월 7일 성 암브로시오 주교 학자 기념일
나의 이 말을 듣고 실행하는 이
[마태 7,21.24-27]

나의 현존과 나 밖의 세상을
둘로 여기고 달리 바라보지만
나는 세상의 한 조각이고
나의 한 부분이 세상이다.

살아 있음의 생명은
모든 생명체의 한 바탕이며 한 하늘이다.

하여
나 자신이라는 지식이 개입되지 않는다면
모든 행위는
하늘의 행위이며 하늘의 일이다.

두려움과 불안의 어둠을 벗는
유일한 진리다.

"나의 이 말을 듣고 실행하는 이는
모두
자기 집을 반석 위에 지은
슬기로운 사람과 같을 것이다."(마태 7,24)

실행은
생명의 진리에 일치하는 것이요
자기 낮춤, 자기 비움이
하늘의 손과 발임을 앎이다.

나는 세상에 드높여지는 존재도 아니며
세상을 소유하는 나가 아니다.

실제로
나 그리고 세상은 없다.

홀로 아버지이시며
홀로 자비이시다.

실행의 수제,
만사의 주체는
오직
아버지이시다.

슬기로운 사람은
아버지의 뜻으로 현존하는
아버지의 발걸음이다.

12월 8일 원죄 없이 잉태되신 복되신 동정 마리아 대축일

기뻐하여라, 주님께서 너와 함께 계시다
[루카 1,26-38]

지금 목격하는 이 세상은
바로 나다.

지금 바라보는 꽃도
바로 나다.

꽃이 피어나듯
나 있음도 그렇게 드러났다.

진리의 영은
자비 있음을 나 있음으로 깨닫게 한다.

기쁨의 진리는 자비 있음이다.
기쁨의 찬미도 자비 있음이다.

자비는
자비를 잉태하게 하고
자비를 낳고
자비의 길을 보인다.

천사가 마리아의 집으로 들어가 말하였다.
"은총이 가득한 이여, 기뻐하여라, 주님께서 너와 함께 계시다." (루카 1,28)

기쁨은
진리의 자각이다.

기쁨은
자비의 진리에 눈뜸이다.

12월 10일 대림 제2주일

예수 그리스도의 복음의 시작
[마르 1,1-8]

복음福音

얻어 누리는 복도 아니요
찾아 들어온 복도 아니요
때가 되어 떠나갈 복도 아니다.

하늘의 복음이며
땅의 복음이고
사람의 복음이다.

하늘이 내신 나
하늘을 숨 쉬는 나
하늘 아래 노는 나
그대로 복음이다.

무한한 말씀의 울림이며
영원한 해방의 진리다.

땅을 밟는다고?
아니다.

복음을 밟고 서 있다.
복음의 숲에서 그리스도의 나무를 보고 있다.

"하느님의 아드님 예수 그리스도의 복음의 시작"^(마르 1,1)

복음의 시작은
끝이 없는 자비이며
진리의 생명이다.

지금 여기
텅 빈
십자 나무다.

12월 11일 대림 제2주간 월요일

네 평상을 가지고 집으로 가거라
[루카 5,17-26]

나는 나에 대해
나만이 알고 있다고 말하는 지식

나는 나의 몸을 통해야만
나의 행복을 느낄 수 있다고 말하는 지식

지식은 관념의 치장에 불과하다.
지식은 구원의 진리가 될 수 없다.

지식을 털어 버리고 나면
나는 나를 볼 눈이 없어진다.

나는 그대로 하늘이기 때문이다.
나는 그대로 자비이기 때문이다.

나를 억압할 그 무엇도 있지 않다.

중풍에 걸린 이에게 말씀하셨다.
"내가 너에게 말한다. 일어나 네 평상을 가지고 집으로 가거라." (루카 5,24)

구원의 진리는
지식의 어둠을 벗는 것이다.
지식에 갇힌 몸을 건져 내는 것이다.

12월 12일 대림 제2주간 화요일

한 마리를 두고 더 기뻐한다
[마태 18,12-14]

"너희는 어떻게 생각하느냐?
어떤 사람에게 양 백 마리가 있는데
그 가운데 한 마리가 길을 잃으면
아흔아홉 마리를 산에 남겨 둔 채
길 잃은 양을 찾아 나서지 않느냐?
그가 양을 찾게 되면
내가 진실로 너희에게 말하는데
길을 잃지 않은 아흔아홉 마리보다
그 한 마리를 두고 더 기뻐한다." (마태 18,12-13)

세상의 모든 것을 지녔다 하더라도
나가 누구인지
무엇이 구원의 진리인지
깨닫지 못했다면
모든 것을 내려놓고
하늘의 진리를 찾아 나서야 한다.

세상의 모든 것을 지녔다 하더라도
나를 잃어버렸다면
나를 잃었다면

모든 것은 허무할 따름이다.
즉시
'길 잃은 양'을 찾아 나서야 한다.
'구원에 목마른 이'를 찾아 나서야 한다.

"이 작은 이들 가운데 하나라도 잃어버리는 것은
하늘에 계신 너희 아버지의 뜻이 아니다."(마태 18,14)

모두는 아버지 자비 안에 있다.
모두는 아버지 생명 안에 있다.

나를 깨우쳤으면
나의 나를 찾아 나서야 한다.

아버지
자비 아님이 없다.

12월 13일 성녀 루치아 순교자 기념일

나에게 배워라
[마태 11,28-30]

아버지께서
세상을 내신
유일한 진리는
자비다.

아버지께서
나를 내신
유일한 진리는
비움이다.

비움과 자비는
한 진리다.

비움이 자비이며
자비가 비움이다.

보이는 이것
보는 이것
자비다.

아는 이것
알 수 없는 이것
자비다.

비움은 그대로 자비다.
자비는 그대로 비움이다.

시간도 공간도
본성도 품성도
오직 자비다.
오직 비움이다.

"내 멍에를 메고 나에게 배워라."(마태 11,29)

아버지의 멍에는
자비와 비움이다.

아버지의 말씀도
비움과 자비다.

12월 14일 십자가의 성 요한 사제 기념일

하늘나라는 폭행을 당하고 있다
[마태 11,11-15]

죽는다는 것은
움켜쥔 모든 지식이 덧없이 사라짐을 뜻한다.

죽음의 목격은
나가 무엇인지를 구체적으로 드러나게 한다.

명예의 지식이든
재물의 지식이든
학식의 지식이든
지식의 성취에 눈이 먼 이들
지식을 나로 동일시하는 이들

하늘의 새는
지식으로 날지 않는다.
하늘의 생명으로 난다.

들의 꽃은
지식으로 피지 않는다.
하늘의 때에 핀다.

"세례자 요한 때부터 지금까지
하늘나라는 폭행을 당하고 있다.
폭력을 쓰는 자들이 하늘나라를 빼앗으려고 한다."(마태 11,12)

하늘나라의 폭행은
나를 보내신
아버지에 대한 불신이다.

하늘나라의 폭력은
나와 함께하시는
아버지 자비에 대한 등 돌림이다.

12월 15일 대림 제2주간 금요일
사람의 아들이 와서 먹고 마시자 …
[마태 11,16-19]

무엇이 나를 눈 뜨게 하는가?
무엇이 나를 잠들게 하는가?

눈 뜨는 나
눈 뜨게 하는 나

눈 감는 나
잠들게 하는 나

해 떠오름의 그것
눈 뜨게 하는 그것

하나다.

한 진리다.
한 도道다.
한 통通이다.

"사람의 아들이 먹고 마시자
'보라, 저자는 먹보요 술꾼이며 세리와 죄인들의 친구다'

하고 말한다.
그러나 지혜가 옳다는 것은 그 지혜가 이룬 일로 드러났다."(마태 11,19)

먹고 마심도
낳음과 죽음도

지혜의 옳음도
지혜의 이룸도

자비의 숨 안에
하나다.

자비의 의식 안에
하나다.

자비의 지혜 안에
하나다.

12월 17일 대림 제3주일
너희는 주님의 길을 곧게 내어라
[요한 1,6-8.19-28]

혹시나
신을 섬긴다 하면서
마음에 쌓인 관념의 지식을
신으로 섬기지는 않는가!

혹시나
신을 명상한다 하면서
마음에 나타난 관념의 상像들을
신으로 명상하고 있지는 않은가!

그들이 물었다.
"당신은 누구요?
우리를 보낸 이들에게 우리가 대답을 해야 하오.
당신은 자신을 무엇이라고 말하는 것이오?"(요한 1,22)

요한이 말하였다.
"나는 이사야 예언자가 말한 대로
'너희는 주님의 길을 곧게 내어라' 하고
광야에서 외치는 이의 소리다."(요한 1,23)

주님의 길이 곧 나임을 깨달을 때
나가 곧 주님의 길임을 깨달을 때
섬김과 명상이라는 말마디도
금세 무색해지고 만다.

"너희는 주님의 길을 곧게 내어라."

물고기가 물을 섬기던가!
새가 하늘을 섬기던가!
들꽃이 땅을 섬기던가!

사람이 신을 섬긴다고 한다면
그것은 이미 지식의 관념이다.

한 자비,
한 지체,
한 숨이다.

"너희는 주님의 길을 곧게 내어라."

12월 18일 대림 제3주간 월요일

그렇게 하기로 생각을 굳혔을 때
[마태 1,18-24]

행여
바다가
지식의 생각으로
물고기들과 지낸다면 …

행여
나무의 꽃잎이
생각의 지식으로
나무에 붙어 있다면 …

행여
하늘의 나비가
지식의 생각으로
하늘을 난다면 …

자기를
자기 자신이라 여기지 말라.
그 또한
생각일 뿐이다.

나비의 날갯짓도
물고기의 헤엄 짓도
사람의 잉태와 낳음도
모두
모두
하늘 생명의 한 진리다.

요셉이 그렇게 하기로 생각을 굳혔을 때
꿈에 주님의 천사가 나타나 말하였다.
"다윗의 자손 요셉아,
두려워하지 말고 마리아를 아내로 맞아들여라.
그 몸에 잉태된 아기는 성령으로 말미암은 것이다." (마태 1,20-21)

생각이 너를 숨 쉬게 했다면
생각이 너를 살게 했다면
그땐
생각을 신처럼 여겨도 좋다.

12월 19일 대림 제3주간 화요일
나에게 이 일을 해 주셨구나
[루카 1,5-25]

자비를 바라보는 일
자비에 귀 기울이는 일
자비를 먹고 마시는 일
이 모두의 일은
자비의 일이다.

자비의 이름으로 부름을 받는 일
자비의 이름으로 살아지는 일
자비의 이름으로 십자가를 짊어지는 일
이 모두의 일도
자비의 일이다.

슬픔에 너무 젖어 들지 말라.
설렘에 너무 빠져들지 말라.

자비의 일에 깨어나는 순간
자비의 일로 눈뜨는 순간
자비 밖에 나가 없음을 깨닫게 된다.

나 있음이 자비 있음이다.

자비 있음이 나 있음이다.

"내가 사람들 사이에서 겪어야 했던 치욕을 없애 주시려고
주님께서 굽어보시어
나에게 이 일을 해 주셨구나."(루카 1,25)

'사람들 사이에서 겪어야 했던 치욕'
'주님께서 굽어보심'
'나에게 이 일을 해 주심'

이 모두의 일은
자비의 일이다.

자비의 숨은
오직
자비의 일을 하실 따름이다.

12월 20일 대림 제3주간 수요일

보십시오, 저는 주님의 종입니다
[루카 1,26-38]

나의 운명인 줄 알았는데
하늘의 뜻이었음을

나의 경험인 줄 알았는데
하늘의 일이었음을

나의 약혼인 줄 알았는데
하늘 잔치의 신부였음을

알 수 없다.

바다를 낚아 올릴 그물이 없듯이
진리는 지식의 생각에 영향받지 않는다.

알아야 한다.

나의 존재는
나무에 핀 꽃처럼
자비에 달린 자비의 물방울임을.

마리아가 말하였다.
"보십시오, 저는 주님의 종입니다.
말씀하신 대로 저에게 이루어지기를 바랍니다."
그러자 천사는 마리아에게서 떠나갔다.(루카 1,38)

아버지의 일은
아버지만이 아신다.

아버지의 자비는
아버지만이 이루신다.

12월 21일 대림 제3주간 목요일
마리아는 길을 떠나
[루카 1,39-45]

살아 있어
눈뜸과 잠듦이 있듯이

눈뜸이 있어
나 있음의 세상을 보고
잠듦이 있어
나 있음의 꿈을 맛본다.

보는 바 모든 것
보이는 바 모든 것
실제實際
나 있음의 모두이며
나 있음의 모든 것이다.

'신은 누구인가?'라고 물을 수 없다.
'신은 이것이다'라고 답할 수 없다.

나 있음이
살아 있음이
그대로

아버지의 자비다.
아버지의 나라다.

"그 무렵 마리아는 길을 떠나
서둘러 유다 산악 지방에 있는 한 고을로 갔다."(루카 1,39)

마리아의 길 떠남은
아버지의 길 떠남이다.

'즈카르야의 집에 들어가 엘리사벳에게 인사함'(40절)도
아버지 자비의 인사다.

오직
자비의 일밖에 없다.

오직 하나
자비밖에 없다.

12월 22일 대림 제3주간 금요일

마음속 생각이 교만한 자들
[루카 1,46-56]

영혼은
나를 내신 아버지의 숨이며
영원토록 함께하시는 자비의 영이다.

마음은
하늘과 땅 그리고 모든 생명체가
자비의 생명에 일치되어 있는 자비의 한 품이다.

마음이
자비의 길을 보고 따른다면
영혼은
자비의 길을 보이고 따르게 한다.

실제實際
모두가
자비 안에 하나다.

하여
마음은
숱한 관념의 생각들에 영향받지 않는다.

오히려
관념의 생각들은
실재할 수 없는 허무임을 깨닫게 한다.

"그분께서는 당신 팔로 권능을 떨치시어
마음속 생각이 교만한 자들을 흩으셨습니다."(루카 1,51)

나는
본래의 나는
하늘과 맞닿아 있다.

나는
본래의 나는
하늘의 일을 할 뿐이다.

하늘의 숨으로
하늘의 눈으로
하늘의 손으로

12월 24일 대림 제4주일

그분의 나라는 끝이 없을 것이다
[루카1,26-38]

본디
나는
하늘 생명의 생명체다.

하늘은
하늘의 생명체를 통해
스스로를 담는다.

떨어진 꽃잎에도
벌레 먹은 나뭇잎에도
하늘은 고스란히 담겨 있다.

그런데
하느님의 나라를 어디에서 보고자 하는가!

바로 여기다.
바로 나다.

하느님의 나라는 관념의 나라가 아니다.
하느님의 나라는 시공간의 나라가 아니다.

"주 하느님께서 그분의 조상 다윗의 왕좌를 그분께 주시어
그분께서 야곱 집안을 영원히 다스리시리니
그분의 나라는 끝이 없을 것이다." (루카 1,32-33)

바다의 물고기가
바다가 두렵다면 어찌 될까!

바다의 물고기가
바다로부터 도망치고 싶다면 어찌 될까!

두려워하지 말라.

"그분의 나라는 끝이 없을 것이다."

12월 25일 주님 성탄 대축일 낮 미사
말씀은 하느님과 함께 계셨는데
말씀은 하느님이셨다
[요한 1,1-18]

빛은
빛이면서
생명이듯이

말씀은
하느님이시면서
말씀이시다.

말씀은
홀로
아버지의 자비를 따른다.

아버지의 자비는
말씀의 길에
아버지를 주신다.

말씀은
자비의 비움으로
사람으로 오신다.

말씀은
비움의 십자가로
자비의 뜻을 이룬다.

아버지의 자비는
그대로
나 있음에 머무신다.

"한처음에 말씀이 계셨다.
말씀은 하느님과 함께 계셨는데
말씀은 하느님이셨다." (요한 1,1)

나는 누구인가?
무엇을 나로 바라보는가?

모든 생명체는
그대로
빛의 생명이다.

12월 26일 성 스테파노 첫 순교자 축일

사람들을 조심하여라
[마태 10,17-22]

"사람들을 조심하라" 하심은

사람들을
두려워하지 않는 것

나 스스로부터
지나간 기억들에 묶이지 않는 것

나 스스로부터
가슴속의 사람들을 판단하지 않는 것

나 스스로부터
이름과 모습의 상像을 버림이다.

진정
텅 빈 마음은
숱한 관념의 지식들을 거짓되게 바라보는 마음이다.

진정
텅 빈 마음은

아멘의 진리로만 응답하는 마음이다.

"사람들을 조심하여라.
그들이 너희를 의회에 넘기고 회당에서 채찍질할 것이다."(마태 10,17)

"사람들을 조심하라" 하심은

흔들림 없는 깨어 있음으로
아버지의 자비에 머무름이다.

넘겨짐과 채찍질 당함에서도
아버지의 자비에 숨 쉼이다.

12월 27일 성 요한 사도 복음사가 축일

어디에 모셨는지 모르겠습니다
[요한 20,2-8]

나 말고 누가
나에 관해 물을 수 있을까!

나 말고 누가
나에 대해 말할 수 있을까!

나 말고 누가
나를 받아들일 수 있을까!

나 말고 누가
나를 깨달을 수 있을까!

나의 숨이 나를 있게 한다.
그렇다면
나는 무엇인가?

눈 밖의 꽃잎이 나를 보게 한다.
그렇다면
나는 누구인가?

나를 나로 깨닫게 하는 그것,
그것이 나가 아닐까!

참으로
나를 그것으로 깨닫지 못한 이만이
무덤의 지식을 찾아간다.

참으로
영원한 생명을 나로 알지 못한 이만이
무덤 속을 들여다본다.

본디 나는
죽음과 무관하다.
죽음의 지식과 무관하다.

본디 나는
무덤과 무관하다.
무덤의 지식과 무관하다.

마리아 막달레나는
시몬 베드로와 예수님께서 사랑하신 다른 제자에게
달려가서 말하였다.
"누가 주님을 무덤에서 꺼내 갔습니다.
어디에 모셨는지 모르겠습니다." (요한 20,2)

땅에 떨어진 꽃잎은

땅에 핀 꽃이 된다.

말씀의 생명은
사람의 지식 속에 있지 않다.

"어디에 모셨는지 모르겠습니다."

이보다
큰
깨달음은 없다.

12월 28일 죄 없는 아기 순교자들 축일

모조리 죽여 버렸다
[마태 2,13-18]

나는 나를 밟을 수 없고
나는 나를 밀어낼 수 없다.
왜일까?
나 밖에 나 아닌 것이 없기 때문이다.

그런데
숱한 지식의 관념에 속아
나는 나를 짓밟고
나는 나를 죽이고 살지는 않았던가!

언제까지
지식의 무덤에 묻혀 살 것인가!

언제까지
지식의 허망을 좇을 것인가!

언제까지
개체의 나에 갇혀 살 것인가!

무엇이 죄를 낳는 것인지

무엇이 죽음을 불러오는 것인지
진정
깨어나야 한다.

무덤의 암흑에서 진리의 빛으로 옮겨 가야 한다.

"헤로데는 박사들에게 속은 것을 알고 크게 화를 내었다.
그리고 사람들을 보내어
박사들에게서 정확히 알아낸 시간을 기준으로
베들레헴과 그 온 일대에 사는 두 살 이하의 사내아이들을
모조리 죽여 버렸다."(마태 2,16)

지식 추구의 표상이
헤로데임을

지식의 우상을 좇는 발작이
헤로데임을

냉정히 보아야 한다.

12월 29일 성탄 팔일 축제 내 제5일

제 눈이 당신의 구원을 본 것입니다
[루카 2,22-35]

나무가 꽃을 피울 때
꽃을 나무의 경험이라 하지 않는다.
사람이 숨 쉰다 하여
숨 쉼을 사람의 경험이라 말할 수 없다.

빛은
빛으로 빛을 보이고
빛은
빛으로 빛을 보게 한다.

본연의 절대 진리는
존재存在 있음의 순수의식으로 자각된다.
자각은 경험이 아니다.
자각은 합일이다.
자각은 본디 하나이다.

구원은
절대 진리로 눈 뜸이며
절대 진리의 눈 열림이다.

구원의 진리는
말씀 밖에 있을 수 없다.
하여
나 밖에 있을 수 없다.

"주님, 이제야 말씀하신 대로
당신 종을 평화로이 떠나게 해 주셨습니다.
제 눈이 당신의 구원을 본 것입니다.
이는 당신께서 모든 민족들 앞에서 마련하신 것으로
다른 민족들에게는 계시의 빛이며
당신 백성 이스라엘에게는 영광입니다."(루카 2,29-32)

"주님, 이제야 말씀하신 대로"(29절)

말씀하신 대로

주님은 주님을 보이십니다.
주님은 구원을 보이십니다.
주님은 주님을 안겨 주십니다.
주님은 주님을 먹고 마시게 합니다.

주님은 자비이십니다.
주님은 구원이십니다.
주님은 진리이십니다.

12월 31일 예수, 마리아, 요셉의 성가정 축일
예루살렘의 속량을 기다리는 모든 이
[루카 2,22-40]

마음(心)과 깨달음의 각覺은
나누일 수 없다.

이때의 각覺도
어떠한 관념이나 지식이 개입되지 않은
순수純粹 관觀과 함께한다.

심心과 각覺 그리고 관觀은
하나이며
하늘의 한 진리를 함축한다.

하여
깨달은 사람은 있을 수 없다.
깨달음만 있을 뿐이다.
순수 관觀 내지는 순수 응시凝視만 있을 뿐이다.

나가 무엇인지
무엇을 나라고 하는지
각覺할 뿐이고 관觀할 뿐이다.
그 이상은 관념의 지식이다.

복음에서의 속량도 그와 같다.
아버지의 자비를 각覺할 뿐이고
아버지의 이름으로 관觀할 뿐이다.

"그런데 이 한나도 같은 때에 나아와 하느님께 감사드리며
예루살렘의 속량을 기다리는 모든 이에게
그 아기에 대하여 이야기하였다."(루카 2,38)

아버지의 자비만 있듯이
아버지의 속량만 있다.

아버지의 속량이 나다.
이보다 더 큰 은총이 어디에 있겠는가!

| 전례력 색인 |

2017년(이하 생략) 1월 1일_천주의 성모 마리아 대축일 구유에 누운 아기 15
1월 2일_성 대 바실리오와 나지안조의 성 그레고리오 주교 학자 기념일
　　　　나는 물로 세례를 준다 17
1월 3일_주님 공현 전 화요일 과연 나는 보았다 19
1월 4일_주님 공현 전 수요일 라삐, 어디에 묵고 계십니까? 21
1월 5일_주님 공현 전 목요일 네가 무화과나무 아래에 있는 것을 내가 보았다 23
1월 6일_주님 공현 전 금요일 하늘에서 소리가 들려왔다 26
1월 8일_주님 공현 대축일 그분의 별을 보고 그분께 경배하러 왔습니다 28
1월 9일_주님 세례 축일 그때 그분께 하늘이 열렸다 31
1월 10일_연중 제1주간 화요일 더러운 영이 들린 사람 33
1월 11일_연중 제1주간 수요일 마귀를 쫓아내셨다 36
1월 12일_연중 제1주간 목요일 내가 하고자 하니 깨끗하게 되어라 38
1월 13일_연중 제1주간 금요일 들것을 들고 집으로 돌아가거라 40
1월 15일_연중 제2주일 나를 보내신 그분께서 나에게 일러 주셨다 42

1월 16일_연중 제2주간 월요일 신랑이 함께 있는 동안에는 단식할 수 없다 44

1월 17일_성 안토니오 아빠스 기념일 사람의 아들은 또한 안식일의 주인이다 47

1월 18일_연중 제2주간 수요일 그러나 그들은 입을 열지 않았다 49

1월 19일_연중 제2주간 목요일 말씀은 스스로 말씀의 진리를 열어 간다 51

1월 20일_연중 제2주간 금요일 부르시니 그들이 그분께 나아왔다 53

1월 22일_연중 제3주일 회개하여라, 하늘나라가 가까이 왔다 55

1월 23일_연중 제3주간 월요일 어떻게 사탄이 사탄을 쫓아낼 수 있느냐? 57

1월 24일_성 프란치스코 살레시오 주교 학자 기념일
  그분 둘레에는 군중이 앉아 있었는데 59

1월 25일_성 바오로 사도의 회심 축일 곧 내 이름으로 61

1월 26일_성 티모테오와 성 티토 주교 기념일
  길에서 아무에게도 인사하지 마라 63

1월 27일_연중 제3주간 금요일 어떤 사람이 땅에 씨를 뿌려 놓으면 65

1월 28일_설 혼인 잔치에서 돌아오는 주인 67

1월 29일_연중 제4주일 너희가 하늘에서 받을 상이 크다 69

1월 30일_연중 4주간 월요일 돌로 제 몸을 치곤 하였다 71

1월 31일_성 요한 보스코 사제 기념일 죽은 것이 아니라 자고 있다 73

2월 1일_연중 제4주간 수요일 그들은 그분을 못마땅하게 여겼다 75

2월 2일_주님 봉헌 축일 제 눈이 당신의 구원을 본 것입니다 77

2월 3일_연중 제4주간 금요일 그런데 좋은 기회가 왔다 79

2월 5일_연중 제5주일 너희의 빛 81

2월 6일_성 바오로 미키와 동료 순교자들 기념일 과연 그것에 손을 댄 사람 83

2월 7일_연중 제5주간 화요일 몸은 '나'라는 것을 알지 못한다 85

2월 8일_연중 제5주간 수요일 모두 내 말을 듣고 깨달아라 87

2월 9일_연중 제5주간 목요일 네가 그렇게 말하니 89

2월 10일_성녀 스콜라스티카 동정 기념일 귀먹고 말 더듬는 이 91

2월 12일_연중 제6주일 성을 내지 않는데 무슨 살인이 있겠는가! 93

2월 13일_연중 제6주간 월요일 하늘에서 오는 표징을 요구함 95

2월 14일_성 치릴로 수도자와 성 메토디오 주교 기념일
　　　　　바리사이들의 누룩과 헤로데의 누룩 97

2월 15일_연중 제6주간 수요일 걸어 다니는 나무 99

2월 16일_연중 제6주간 목요일 사탄아, 내게서 물러가라 101

2월 17일_연중 제6주간 금요일 목숨 103

2월 19일_연중 제7주일 악인에게 맞서지 마라 105

2월 20일_연중 제7주간 월요일 그 아이에게서 나가라 107

2월 21일_연중 제7주간 화요일 알려지는 것을 원하지 않으셨다 109

2월 22일_성 베드로 사도좌 축일 내 아버지께서 그것을 너에게 111

2월 23일_성 폴리카르포 주교 순교자 기념일 그리스도의 사람이기 때문에 113

2월 24일_연중 제7주간 금요일 남편이 아내를 버려도 됩니까? 115

2월 26일_연중 제8주일 그날 고생은 그날로 117

2월 27일_연중 제8주간 월요일 하느님께는 모든 것이 가능하다 119

2월 28일_연중 제8주간 화요일 버린 사람 121

3월 1일_재의 수요일 스스로 나팔을 불지 마라 123

3월 2일_재의 예식 다음 목요일 제 십자가를 지고 나를 따라야 한다 125

3월 3일_재의 예식 다음 금요일 단식 128

3월 5일_사순 제1주일 유혹자가 그분께 다가와 130

3월 6일_사순 제1주간 월요일 영원한 벌, 영원한 생명 132

3월 7일_사순 제1주간 화요일 기도 134

3월 8일_사순 제1주간 수요일 여기에 있다 136

3월 9일_사순 제1주간 목요일 너희에게 열릴 것이다 138

3월 10일_사순 제1주간 금요일 바보, 멍청이! 140

3월 12일_사순 제2주일 높은 산에 오르셨다 142

3월 13일_사순 제2주간 월요일 되질하는 바로 그 되로 144

3월 14일_사순 제2주간 화요일 모세의 자리에 앉아 있다 146

3월 15일_사순 제2주간 수요일 넘겨질 것이다 148

3월 16일_사순 제2주간 목요일 부자의 식탁에서 떨어지는 것으로 150

3월 17일_사순 제2주간 금요일 자기 몫의 소출을 받아 오라 153

3월 19일_사순 제3주일 지금이 바로 그때다 155

3월 20일 동정 마리아의 배필 성 요셉 대축일 잠에서 깨어난 요셉 157

3월 21일_사순 제3주간 화요일 하늘이 셈을 한다 159

3월 22일_사순 제3주간 수요일 지식은 진리가 아니다 161

3월 23일_사순 제3주간 목요일 하느님의 손가락 163

3월 24일_사순 제3주간 금요일 첫째는 이것이다 165

3월 26일_사순 제4주일 하느님의 일 167

3월 27일_사순 제4주간 월요일 말씀을 믿고 떠나갔다 170

3월 28일_사순 제4주간 화요일 못 속에 넣어 줄 사람 172

3월 29일_사순 제4주간 수요일 죽음에서 생명으로 건너갔다 174

3월 30일_사순 제4주간 목요일 성경이 나를 위하여 증언한다 176

3월 31일_사순 제4주간 금요일 나는 나 스스로 온 것이 아니다 178

4월 2일_사순 제5주일 어떤 이가 병을 앓고 있었는데 180

4월 3일_사순 제5주간 월요일 선생님, 아무도 없습니다 182

4월 4일_사순 제5주간 화요일 내가 나임을 184

4월 5일_사순 제5주간 수요일 나는 내 아버지에게서 186

4월 6일_사순 제5주간 목요일 나는 아브라함이 태어나기 전부터 있었다 188

4월 7일_사순 제5주간 금요일 내가 이르건대 너희는 신이다 190

4월 9일_주님 수난 성지 주일
    저의 하느님, 저의 하느님, 어찌하여 저를 버리셨습니까? 192

4월 10일_성주간 월요일 온 집 안에 향유 냄새가 가득하였다 195

4월 11일_성주간 화요일 내가 빵을 적셔서 주는 자 197

4월 12일_성주간 수요일 네가 그렇게 말하였다 199

4월 13일_주님 만찬 성목요일 내가 너를 씻어 주지 않으면 201

4월 14일_주님 수난 성금요일 그 칼을 칼집에 꽂아라 203

4월 15일_예수 부활 대축일. 부활 성야 무덤으로 다가가 돌을 옆으로 205

4월 16일_예수 부활 대축일 무덤에 가서 보니 208

4월 17일_부활 팔일 축제 내 월요일 서둘러 무덤을 떠나, 달려갔다 210

4월 18일_부활 팔일 축제 내 화요일 나를 더 이상 붙들지 마라 212

4월 19일_부활 팔일 축제 내 수요일 성경 전체에 걸쳐 당신에 관한 기록들을 214

4월 20일_부활 팔일 축제 내 목요일 나를 만져 보아라 216

4월 21일_부활 팔일 축제 내 금요일 그물을 배 오른쪽에 던져라 218

4월 23일_부활 제2주일. 하느님의 자비 주일 두 손과 옆구리 220

4월 24일_부활 제2주간 월요일 위로부터 태어나지 않으면 222

4월 25일_성 마르코 복음사가 축일 새로운 언어들을 말하며 224

4월 26일_부활 제2주간 수요일 하느님 외아들의 이름 226

4월 27일_부활 제2주간 목요일 모든 것 위에 계신다 228

4월 28일_부활 제2주간 금요일 혼자서 다시 산으로 물러가셨다 230

4월 30일_부활 제3주일 눈이 열려 예수님을 알아보았다 232

5월 1일_부활 제3주간 월요일 하느님의 일을 하려면 무엇을 해야 합니까? 234

5월 2일_성 아타나시오 주교 학자 기념일 내가 생명의 빵이다 236

5월 3일_성 필립보와 성 야고보 사도 축일 아버지께서 당신의 일을 238

5월 4일_부활 제3주간 목요일 하늘에서 내려온 살아 있는 빵 240

5월 5일_부활 제3주간 금요일 내 살을 먹고 내 피를 마시는 사람 242

5월 7일_부활 제4주일 다른 데로 넘어 들어가는 자 244

5월 8일_부활 제4주간 월요일 내가 스스로 그것을 내놓는 것이다 247

5월 9일_부활 제4주간 화요일 성전 안에 있는 솔로몬 주랑 249

5월 10일_부활 제4주간 수요일 나는 빛으로서 이 세상에 왔다 251

5월 11일_부활 제4주간 목요일 일이 일어날 때에 내가 나임을 253

5월 12일_부활 4주간 금요일 내 아버지의 집에는 거처할 곳이 많다 255

5월 14일_부활 제5주일 나를 본 사람은 곧 아버지를 뵌 것이다 257

5월 15일_부활 제5주간 월요일 아버지께서 내 이름으로 보내실 성령 259

5월 16일_부활 제5주간 화요일 아버지께서 명령하신 대로 내가 한다 261

5월 17일_부활 제5주간 수요일 나는 참포도나무요 나의 아버지는 농부이시다 263

5월 18일_부활 제5주간 목요일 내 기쁨이 너희 안에 있다 265

5월 19일_부활 제5주간 금요일 목숨을 내놓는 것보다 더 큰 사랑은 없다 267

5월 21일_부활 제6주일 그분은 진리의 영이시다 269

5월 22일_부활 제6주간 월요일 진리의 영 271

5월 23일_부활 제6주간 화요일 죄와 의로움과 심판에 관한 세상의 그릇된 생각 273

5월 24일_부활 제6주간 수요일 나에게서 받아 너희에게 알려 주실 것 276

5월 25일_부활 제6주간 목요일 근심은 기쁨으로 바뀔 것이다 278

5월 26일_성 필립보 네리 사제 기념일
　　　　그날에는 너희가 나에게 아무것도 묻지 않을 것이다 280

5월 28일_주님 승천 대축일 예수님께서 분부하신 산으로 갔다 282

5월 29일_복자 윤지충 바오로와 동료 순교자들 기념일
　　　　내가 있는 곳에 나를 섬기는 사람도 함께 있을 것이다 284

5월 30일_부활 제7주간 화요일 영원한 생명 286

5월 31일_복되신 동정 마리아의 방문 축일 말씀이 이루어지리라고 믿으신 분! 288

6월 1일_성 유스티노 순교자 기념일
　　　　아버지께서 저를 사랑하신 그 사랑이 그들 안에 있다 290

6월 2일_부활 제7주간 금요일 내 양들을 돌보아라 292

6월 4일_성령 강림 대축일 문을 모두 잠가 놓고 있었다 294

6월 5일_성 보니파시오 주교 순교자 기념일 돌 296

6월 6일_연중 제9주간 화요일 하느님의 것은 하느님께 돌려드려라 298

6월 7일_연중 제9주간 수요일 부활이 없다고 주장하는 사두가이들 300

6월 8일_연중 제9주간 목요일 주 우리 하느님은 한 분이신 주님이시다 302

6월 9일_연중 제9주간 금요일 어떻게 메시아가 다윗의 자손이 되느냐? 304

6월 11일_삼위일체 대축일 세상이 아들을 통하여 구원을 받게 하시려는 것이다 306

6월 12일_연중 제10주간 월요일 기뻐하고 즐거워하여라 308

6월 13일_연중 제10주간 화요일
　　　　　소금이 제맛을 잃으면 무엇으로 다시 짜게 할 수 있겠느냐? 310

6월 14일_연중 제10주간 수요일 스스로 지키고 또 그렇게 가르치는 이 312

6월 15일_연중 제10주간 목요일 얼른 타협하여라 314

6월 16일_연중 제10주간 금요일 네 오른눈이 너를 죄짓게 하거든 316

6월 18일_그리스도의 성체 성혈 대축일 나를 먹는 사람 318

6월 19일_연중 제11주간 월요일 네 속옷을 가지려는 자에게는 겉옷까지 320

6월 20일_연중 제11주간 화요일 완전한 사람 322

6월 21일_연중 제11주간 수요일 하늘에 계신 너희 아버지 324

6월 22일_연중 제11주간 목요일 빈말 326

6월 23일_예수 성심 대축일 아버지를 드러내 보여 주려는 사람 328

6월 25일_연중 제12주일. 민족의 화해와 일치를 위한 기도의 날
　　　　　하늘에 계신 내 아버지께서 이루어 주실 것이다 330

6월 26일_연중 제12주간 월요일 네 눈 속에 있는 들보 332

6월 27일_연중 제12주간 화요일 생명으로 이끄는 문 334

6월 28일_성 이레네오 주교 기념일 좋은 열매를 맺지 않는 나무 337

6월 29일_연중 제12주간 목요일 하늘에 계신 내 아버지께서 그것을 너에게 339

6월 30일_연중 제12주간 금요일 내가 하고자 하니 깨끗하게 되어라 341

7월 2일_연중 제13주일 시원한 물 한 잔이라도 마시게 하는 이 343

7월 3일_성 토마스 사도 축일 네 손을 뻗어 내 옆구리에 넣어 보아라 345

7월 4일_연중 제13주간 화요일 바람과 호수까지 복종하는가? 347

7월 5일_연중 제13주간 수요일 놓아기르는 많은 돼지 떼 349

7월 6일_연중 제13주간 목요일 그는 일어나 집으로 갔다 351

7월 7일_연중 제13주간 금요일 세관에 앉아 있는 것을 보시고 353

7월 9일_연중 제14주일 내 멍에를 메고 나에게 배워라 355

7월 10일_연중 제14주간 월요일 저 소녀는 죽은 것이 아니라 자고 있다 357

7월 11일_성 베네딕도 아빠스 기념일 예수님께 데려왔다 359

7월 12일_연중 제14주간 수요일 이스라엘 집안의 길 잃은 양들에게 가라 361

7월 13일_연중 제14주간 목요일 발의 먼지를 털어 버려라 363

7월 14일_연중 제14주간 금요일 나는 너희를 보낸다 365

7월 16일_연중 제15주일 집에서 나와 호숫가에 앉으셨다 367

7월 17일_연중 제15주간 월요일 복음을 선포하시려고 그곳에서 떠나가셨다 370

7월 18일_연중 제15주간 화요일 네가 하늘까지 오를 성싶으냐? 372

7월 19일_연중 제15주간 수요일 아버지 외에는 아무도 아들을 알지 못한다 374

7월 20일_연중 제15주간 목요일 내 짐은 가볍다 376

7월 21일_연중 제15주간 금요일 성전보다 더 큰 이가 여기에 있다 378

7월 23일_연중 제16주일 그것을 가져다가 자기 밭에 뿌렸다 380

7월 24일_연중 제16주간 월요일 사람의 아들도 사흘 밤낮을 땅속에 있을 것이다 382

7월 25일_성 야고보 사도 축일 몸값 384

7월 26일_성 요아킴·성녀 안나 기념일 많은 것을 비유로 말씀해 주셨다 386

7월 27일_연중 제16주간 목요일 너희의 눈은 볼 수 있으니 행복하다 388

7월 28일_연중 제16주간 금요일 말씀을 듣고 깨닫는다 390

7월 30일_연중 제17주일 자기 곳간 392

7월 31일_성 이냐시오 사제 기념일 세상 창조 때부터 숨겨진 것을 드러내리라 394

8월 1일_성 알폰소 주교 학자 기념일 군중을 떠나 집으로 가셨다 396

8월 2일_연중 제17주간 수요일 그것을 샀다 398

8월 3일_연중 제17주간 목요일 다 말씀하시고 나서 그곳을 떠나셨다 400

8월 4일_연중 제17주간 금요일 그들은 그분을 못마땅하게 여겼다 402

8월 6일_연중 제18주일. 주님의 거룩한 변모 축일 너희는 그의 말을 들어라 404

8월 7일_연중 제18주간 월요일 따로 외딴곳으로 물러가셨다 406

8월 8일_성 도미니코 사제 기념일 그것에 손을 댄 사람 408

8월 9일_연중 제18주간 수요일 그 여자의 딸이 나았다 410

8월 10일_성 라우렌시오 부제 축일 밀알 412

8월 11일_성녀 클라라 기념일 사람의 아들이 자기 나라에 오는 것을 볼 사람 414

8월 13일_연중 제19주일 호수 위를 걸으시어 그들 쪽으로 가셨다 416

8월 14일_성 막시밀리아노 콜베 사제 순교자 기념일 고기를 잡아 입을 열어 보아라 419

8월 15일_성모 승천 대축일 큰 소리로 외쳤다 421

8월 16일_연중 제19주간 수요일 내 이름으로 모인 곳 423

8월 17일_연중 제19주간 목요일 제 형제가 저에게 죄를 지으면 425

8월 18일_연중 제19주간 금요일 둘이 한 몸 428

8월 20일_연중 제20주일 네가 바라는 대로 될 것이다 430

8월 21일_성 비오 10세 교황 기념일 완전한 사람 433

8월 22일_동정 마리아 모후 기념일 부자 435

8월 23일_연중 제20주간 수요일 하늘나라 438

8월 24일_성 바르톨로메오 사도 축일 저를 어떻게 아십니까? 440

8월 25일_연중 제20주간 금요일 네 이웃을 너 자신처럼 443

8월 27일_연중 제21주일 하늘나라의 열쇠 445

8월 28일_성 아우구스티노 주교 학자 기념일
　　　　　금이냐, 아니면 금을 거룩하게 하는 성전이냐? 448

8월 29일_성 요한 세례자의 수난 기념일 세례자 요한의 머리를 요구하여라 450

8월 30일_연중 제21주간 수요일 스스로 증언한다 451

8월 31일_연중 제21주간 목요일 제때에 양식을 내주는 종 453

9월 1일_연중 제21주간 금요일 신랑을 맞으러 나가라 455

9월 3일_연중 제22주일 제자들에게 밝히기 시작하셨다 457

9월 4일_연중 제22주간 월요일 주님의 은혜로운 해 459

9월 5일_연중 제22주간 화요일 조용히 하여라. 그 사람에게서 나가라 461

9월 6일_연중 제22주간 수요일 회당을 떠나 시몬의 집으로 463

9월 7일_연중 제22주간 목요일 시몬의 배에 오르시어 465

9월 8일_동정 마리아 탄생 축일 하느님께서 우리와 함께 계시다 467

9월 10일_연중 제23주일 다른 민족 사람이나 세리처럼 여겨라 469

9월 11일_연중 제23주간 월요일 오른손이 오그라든 사람 472

9월 12일_연중 제23주간 화요일 산에서 내려가 평지에 서시니 474

9월 13일_성 요한 크리소스토모 주교 학자 기념일
    모든 사람이 너희를 좋게 말하면 너희는 불행하다! 476

9월 14일_성 십자가 현양 축일 하늘에서 내려온 이, 하늘로 올라간 이 478

9월 15일_고통의 성모 마리아 기념일 십자가 곁 480

9월 17일_성 김대건 안드레아 사제와 성 정하상 바오로와 동료 순교자들 대축일
    십자가를 지고 482

9월 18일_연중 제24주간 월요일 백인대장의 노예 484

9월 19일_연중 제24주간 화요일 과부와 함께 가고 있었다 486

9월 20일_연중 제24주간 수요일 장터에 앉아 서로 부르며 488

9월 21일_성 마태오 사도 복음사가 축일 나를 따라라 490

9월 22일_연중 제24주간 금요일 하느님 나라 492

9월 24일_연중 제25주일 집을 나선 밭 임자 494

9월 25일_연중 제25주간 월요일 어떻게 들어야 하는지 잘 헤아려라 496

9월 26일_연중 제25주간 화요일 내 어머니와 내 형제들 498

9월 27일_성 빈첸시오 드 폴 사제 기념일 힘과 권한을 주셨다 500

9월 28일_연중 제25주간 목요일 요한은 내가 목을 베었는데 502

9월 29일_성 미카엘, 성 가브리엘, 성 라파엘 대천사 축일 저 사람은 거짓이 없다 504

10월 1일_아기 예수의 성녀 데레사 동정 학자 대축일
　　　　내 이름으로 받아들이면 나를 받아들이는 것이다 506

10월 2일_수호천사 기념일 아버지의 얼굴을 늘 보고 있다 509

10월 3일_연중 제26주간 화요일 돌아서서 꾸짖으셨다 511

10월 4일_한가위 생명은 재산에 달려 있지 않다 513

10월 5일_연중 제26주간 목요일 그러나 이것만은 알아 두십시오 515

10월 6일_연중 제26주간 금요일 나를 보내신 분을 물리치는 사람 518

10월 8일_연중 제27주일 들어 보아라 521

10월 9일_연중 제27주간 월요일 너는 어떻게 읽었느냐? 523

10월 10일_연중 제27주간 화요일 일과 몫 525

10월 11일_연중 제27주간 수요일 어떤 곳에서 기도하고 계셨다 527

10월 12일_연중 제27주간 목요일 문을 두드려라 529

10월 13일_연중 제27주간 금요일 하느님의 손가락 531

10월 15일_연중 제28주일 혼인 예복을 입지 않은 사람 533

10월 16일_연중 제28주간 월요일 지혜를 들으려고 땅끝에서 왔다 535

10월 17일_안티오키아의 성 이냐시오 주교 순교자 기념일 속에 담긴 것 537

10월 18일_성 루카 복음사가 축일 이 집 저 집으로 옮겨 다니지 마라 539

10월 19일_연중 제28주간 목요일 불행하여라, 너희 율법 교사들아! 541

10월 20일_연중 제28주간 금요일 두려워하지 마라 543

10월 22일_연중 제29주일. 민족들의 복음화를 위한 미사
　　　　나는 하늘과 땅의 모든 권한을 받았다 546

10월 23일_연중 제29주간 월요일 네가 마련해 둔 것 548

10월 24일_연중 제29주간 화요일 혼인 잔치에서 돌아오는 주인 550

10월 25일_연중 제29주간 수요일 제때에 정해진 양식을 내주는 집사 553

10월 26일_연중 제29주간 목요일 오히려 분열을 일으키러 왔다 555

10월 27일_연중 제29주간 금요일 왜 올바른 일을 스스로 판단하지 못하느냐? 557

10월 29일_연중 제30주일 말문을 막아 버리셨다 560

10월 30일_연중 제30주간 월요일 너는 병에서 풀려났다 562

10월 31일_연중 제30주간 화요일 하느님의 나라를 무엇에 비길까? 564

11월 1일_모든 성인 대축일 행복 566

11월 2일_위령의 날 기뻐하고 즐거워하여라 568

11월 3일_연중 제30주간 금요일 그의 손을 잡고 570

11월 5일_연중 제31주일 자신을 낮추는 이 572

11월 6일_연중 제31주간 월요일 보답 574

11월 7일_연중 제31주간 화요일 내 잔치 음식 576

11월 8일_연중 제31주간 수요일 자기 소유 578

11월 9일_라테라노 대성전 봉헌 축일 이것들을 여기에서 치워라 580

11월 10일_성 대 레오 교황 학자 기념일 당신은 얼마를 빚졌소? 582

11월 12일_연중 제32주일 한밤중에 외치는 소리가 났다 584

11월 13일_연중 제32주간 월요일 회개와 용서 586

11월 14일_연중 제32주간 화요일 종 588

11월 15일_연중 제32주간 수요일 몸을 보여라 590

11월 16일_연중 제32주간 목요일 이 세대에게 배척을 받아야 한다 592

11월 17일_헝가리의 성녀 엘리사벳 수도자 기념일 노아가 방주에 들어가는 날까지 594

11월 19일_연중 제33주일 재산 596

11월 20일_연중 제33주간 월요일 다시 보아라 598

11월 21일_복되신 동정 마리아의 자헌 기념일 내 어머니고 내 형제들 600

11월 22일_성녀 체칠리아 기념일 주인님의 한 미나로 602

11월 23일_연중 제33주간 목요일 지금 네 눈에는 그것이 감추어져 있다 604

11월 24일_성 안드레아 둥락 사제 기념일 나의 집은 기도의 집 606

11월 26일_그리스도 왕 대축일 세상 창조 때부터 너희를 위하여 준비된 나라 608

11월 27일_연중 제34주간 월요일 헌금 611

11월 28일_연중 제34주간 화요일 속는 일이 없도록 조심하여라 613

11월 29일_연중 제34주간 수요일 내 이름 때문에 615

11월 30일_성 안드레아 사도 축일 배와 아버지를 버려두고 617

12월 1일_연중 제34주간 금요일 저절로 알게 된다 619

12월 3일_대림 제1주일 먼 길을 떠나는 사람 621

12월 4일_대림 제1주간 월요일 이런 믿음을 본 일이 없다 623

12월 5일_대림 제1주간 화요일 보는 것을 보는 눈 626

12월 6일_대림 제1주간 수요일 굶겨서 돌려보내고 싶지 않다 628

12월 7일_성 암브로시오 주교 학자 기념일 나의 이 말을 듣고 실행하는 이 630

12월 8일_원죄 없이 잉태되신 복되신 동정 마리아 대축일
　　　　　기뻐하여라, 주님께서 너와 함께 계시다 632

12월 10일_대림 제2주일 예수 그리스도의 복음의 시작 634

12월 11일_대림 제2주간 월요일 네 평상을 가지고 집으로 가거라 636

12월 12일_대림 제2주간 화요일 한 마리를 두고 더 기뻐한다 638

12월 13일_성녀 루치아 순교자 기념일 나에게 배워라 640

12월 14일_십자가의 성 요한 사제 기념일 하늘나라는 폭행을 당하고 있다 642

12월 15일_대림 제2주간 금요일 사람의 아들이 와서 먹고 마시자 … 644

12월 17일_대림 제3주일 너희는 주님의 길을 곧게 내어라 646

12월 18일_대림 제3주간 월요일 그렇게 하기로 생각을 굳혔을 때 648

12월 19일_대림 제3주간 화요일 나에게 이 일을 해 주셨구나 650

12월 20일_대림 제3주간 수요일 보십시오, 저는 주님의 종입니다 652

12월 21일_대림 제3주간 목요일 마리아는 길을 떠나 654

12월 22일_대림 제3주간 금요일 마음속 생각이 교만한 자들 656

12월 24일_대림 제4주일 그분의 나라는 끝이 없을 것이다 658

12월 25일_주님 성탄 대축일 낮 미사
　　　　　말씀은 하느님과 함께 계셨는데 말씀은 하느님이셨다 660

12월 26일_성 스테파노 첫 순교자 축일 사람들을 조심하여라 662

12월 27일_성 요한 사도 복음사가 축일 어디에 모셨는지 모르겠습니다 664

12월 28일_죄 없는 아기 순교자들 축일 모조리 죽여 버렸다 667

12월 29일_성탄 팔일 축제 내 제5일 제 눈이 당신의 구원을 본 것입니다 669

12월 31일_예수, 마리아, 요셉의 성가정 축일 예루살렘의 속량을 기다리는 모든 이 671